Rosalia Abbenhaus, Astrid Jahns, Astrid Keuck,
Ulrike Hartmann-Nölle, Susanne Pröschel

Bergedorfer® Grundschulpraxis

Kunst

1./2. Klasse

Band 2

Persen Verlag

1. Auflage 2008
© Persen Verlag GmbH, Buxtehude

2. Auflage 2012
© Persen Verlag
AAP Lehrerfachverlage GmbH

Illustrationen: Martina Gollnick
Satz: Hartwig Holthusen, Harsefeld, Überarbeitung: media.design, Neumünster

ISBN 978-3-8344-**3697**-3

www.persen.de

Inhalt

Inhalt

Einleitung

Die Reihe Bergedorfer® Grundschulpraxis Kunst will vielfältige Anregungen für einen innovativen Kunstunterricht liefern. Alle Vorschläge kommen aus der Praxis. Lehrerinnen und Lehrer, die einmal etwas Neues ausprobieren wollen, aber auch fachfremd unterrichtende Kolleginnen und Kollegen erhalten konkrete Hilfestellung für ihre Vorbereitungen und die Bearbeitung von Themen, die fächerübergreifendes Arbeiten ermöglichen.

Alle Vorschläge sollten natürlich auf die jeweiligen schulischen Voraussetzungen (Erfahrungen der Kinder, Größe der Lerngruppe, räumliche Bedingungen) vor Ort abgestimmt werden. Mit ein bisschen Bereitschaft zu Flexibilität und ein wenig Mut zur Improvisation lassen sich für die Kinder sehr motivierende Lernprozesse organisieren, die fachspezifische Kompetenzen zusammenhängend und exemplarisch vermitteln.

Wie jedes andere Fach erfordert auch der Kunstunterricht eine sorgfältige Vorbereitung und Planung.
Bei den meisten Themenvorschlägen ist es sinnvoll, vorab eine Sammlung von Materialien, Werkzeugen und Bildbeispielen anzulegen und, wenn möglich, in einer kleinen Kunstecke im Klassenraum nach und nach einen ständigen Fundus zur Verfügung zu stellen. Bei Elternsprechtagen, Elternabenden oder Klassenfeiern ergeben sich oft günstige Gelegenheiten, auf mittelfristig geplante Projekte oder auf besonderen Materialbedarf bzw. spezielle Unterstützung (z. B. beim Aufsuchen außerschulischer Lernorte) hinzuweisen. Dabei tun sich häufig ungeahnte Quellen auf und interessante Angebote stellen sich ein.

Die dargestellten Reihen bieten einen ganzheitlichen Unterricht mit offenen Aufgabenstellungen, ansprechenden Materialien, unterschiedlichen Techniken und abwechslungsreichen Methoden. Anknüpfend an die Vorkenntnisse der Kinder, werden diese zur fantasievollen Umsetzung eigener Ideen ermutigt, um so ihre selbstständige Entwicklung zu unterstützen. Die eigentätigen, unmittelbaren Erfahrungen, die die Kinder durch die Beschäftigung mit Kunst und ästhetischen Inhalten mit allen Sinnen machen können, fördern aber nicht nur die Persönlichkeitsentwicklung. Es ergeben sich weitere Qualitäten, die auch in anderen Bildungsbereichen von Bedeutung sind: ganzheitliche Wahrnehmung, Kreativität, Neugier und Experimentierfreude, Konzentrations-, Kommunikations- und Teamfähigkeit sowie die Schulung der Feinmotorik.

Bei aller zielgerichteten Strukturierung der einzelnen Reihen und Stunden ist immer eine gewisse Offenheit (nicht Willkür!), z. B. für Anregungen von Kindern, Materialangeboten, Eltern, Situationen, durchaus sinnvoll. Gestalterische Freiräume, das fächerverbindende Arbeiten, das Nutzen von Zufallsergebnissen, erweiterte Materialangebote oder weiterführende Erarbeitungen sind durchaus denkbar und natürlich absolut erwünscht.

Grundsätzlich ist die Unterrichtsgestaltung offen für die Mitgestaltung durch Kinder, Eltern oder sonstige Personen, die bei etwas aufwendigeren Themen manchmal hilfreich eingesetzt werden können. Dazu ist die genaue vorherige Abstimmung von Zuständigkeiten, Regeln oder bestimmten Aufgaben empfehlenswert. Wichtig ist fast immer die Vorstrukturierung des Raums und der Materialien, um Chaos oder Konflikte zu vermeiden. Klar abgegrenzte Bereiche für verschiedene Tätigkeiten (z. B. kleben, Pinsel auswaschen, zuschneiden) oder die Zuteilung von Materialien (einzelne Materialecken, ein Materialbüfett auf einem für alle zugänglichen Tisch) sind vorher zu bedenken und entsprechend zu arrangieren. Es lohnt sich, das in Ruhe mit den Kindern einzuüben.

Die Unterrichtsreihen sind thematisch auf den Ablauf des Schuljahres bezogen, die Abfolge kann aber durchaus frei bestimmt werden.
Zu jeder Einheit gehören ein kurzer Theorieteil zu Thema, Verfahren, Künstlern, Hintergründen usw., eine detaillierte Materialangabe und eine konkrete Beschreibung des Unterrichtsverlaufs, was die eigene Planung sehr erleichtert. Zusätzlich dokumentieren Fotos die beschriebenen Arbeitsprozesse und die Ergebnisse.

Die einzelnen Einheiten dieser Reihen stehen in einem logischen bzw. fachspezifischen Zusammenhang und sind in sich abgeschlossen. Einzelne Einheiten können ebenso realisiert werden wie die komplette Reihe. Alle Unterrichtseinheiten werden didaktisch-methodisch kurz kommentiert und sind nach einer einheitlichen Ablaufstruktur konzipiert:

Einstiegsphase

Sie dient zur Einstimmung auf die Stunde oder das Thema.

Erarbeitungsphase

Für diese muss ganz bewusst ausreichend Zeit eingeplant werden. Sie ist in der Regel grundlegend für den weiteren erfolgreichen Verlauf und muss besonders sorgfältig geplant werden. Alle Kinder sollten am Ende genau wissen, welche Aufgabe sie haben, was sie dazu benötigen, welche einzelnen Schritte sie beachten müssen und wie Werkzeuge bzw. Medien zu verwenden sind. Hier wird auch in kindgemäßer Form geklärt, wie die Zusammenarbeit oder gegenseitige Hilfestellung erfolgen kann und welche Kriterien für die abschließende Betrachtung, Auswertung, Beurteilung relevant sind.

Durchführungsphase

In dieser Phase arbeiten die Kinder selbstständig an ihren Kunstwerken. Die Lehrerin/der Lehrer kann einzelne Kinder unterstützen.

Auswertungsphase

In dieser Phase erfolgt eine Rückmeldung, wobei es um mehr als die subjektive Einschätzung von schön oder nicht schön gehen sollte. Die vorher abgesprochenen Kriterien (s. Erarbeitungsphase) können dabei als Gesprächsanlass dienen. Eine Leistungsbewertung wird dadurch auch für die Kinder transparenter. Ein kontinuierliches Einbeziehen der Kinder bei der Bewertung sollte daher grundsätzlich erfolgen. Dabei geht es nicht nur darum, einzelne Arbeiten zu zensieren, sondern mehr um die Beurteilung von Anstrengung und Lernfortschritt, sowie um soziale Leistung und Kompetenz, die sich im Prozess und im Produkt zeigen.

Seite	Titel	Fähigkeiten/Fertigkeiten	Aufgabenschwerpunkte	Kunstwerke/Künstler	Zeit
Kapitel 1: Web doch mal ...					
10	Drunter und drüber, immer hin und her	• Kennenlernen der textilen Technik Weben • Förderung der Körperwahrnehmung	• Textiles Gestalten		2 Stunden
15	Drunter und drüber im Treppenhaus	• Umsetzen des „Gespürten“ mit den Händen • Förderung der räumlichen Wahrnehmung • Förderung kooperativen Handelns	• Textiles Gestalten		2 Stunden
18	Webstücke	• Umsetzen der Technik auf eigenen Webrahmen • Herstellung einer textilen Fläche • Erfahrung mit unterschiedlichen Materialien • Förderung im Bereich beidhändiges Arbeiten • Förderung der visuellen Wahrnehmung • Förderung der Kraftdosierung	• Farbiges Gestalten • Textiles Gestalten		4 Stunden
30	„Bewebtes Leben“	• Kreativer Umgang mit der Technik • Übertrag auf den plastischen Bereich • Einarbeiten unterschiedlicher Materialien	• Farbiges Gestalten • Textiles Gestalten		4 Stunden
Kapitel 2: BaumZeit					
34	Wald-Spiel-Raum	• Naturmaterialien spielerisch erfahren und multisensorisch wahrnehmen • Mit einfachen Materialien freie und gezielte (räumliche) Experimente im außerschulischen Lernort Wald durchführen	• Sammeln von Naturfundstücken • Gestaltungen mit technisch-visuellen Medien dokumentieren • Verschiedene Ausprägungen ästhetischer Gestaltung kennenlernen		4 Stunden
43	NaturStücke – KunstStücke	• Texturen und Strukturen von Naturmaterialien erleben, untersuchen, reflektieren, verfremden • Farbige und technische Mittel zur Strukturierung und Akzentuierung vollplastischer nichtfigurativer Objekte erproben • Einfache technische Hilfsmittel und Werkzeuge kennenlernen und mit ihnen umgehen • Zeitgenössische Kunstwerke kennenlernen und Anregungen für eigene Gestaltungsmöglichkeiten und -wünsche entdecken	• Farbiges Gestalten • Plastisches Gestalten • Räumliches Gestalten	• Ulrich Möckel: Kleine Sammlung • Ulrich Möckel: Säule für Neubeckum • Ulrich Möckel: Telgenbusch V • Ulrich Möckel: Wandstücke	4 Stunden
54	Bäume für Räume	• Körperausdrucksmöglichkeiten erproben • Alltagsgegenstände als Gestaltungsmittel erfahren • Fundstücke aus Natur und Lebensalltag zu einem Gestaltungszusammenhang kombinieren • Gemeinsame Vorhaben planen, abstimmen und organisieren • Grundlegende fachsprachliche Begriffe kennenlernen (z. B. Installation)	• Räumliches Gestalten • Gestaltungen auf ihre Form- und Raumwirkungen hin untersuchen	• Stephan Balkenhol: Mann auf Giraffe • Stephan Balkenhol:Tanzende Paare	4 Stunden (ohne Installation)
Kapitel 3: Paradiesvögel im Vogelparadies					
60	Zaubervögel	• Skizze auf Pappe übertragen • Mit Grundfarben und Mischfarben gestalten	• Farbiges Gestalten	• Pablo Picasso: Friedenstaube • Pablo Picasso: Taube (Studie)	3 Stunden
65	Drahtvögel, blaue Vögel, Flaschenvögel	• Experimentell aus verschiedenen Alltagsmaterialien Gestaltungsmöglichkeiten in Partnerarbeit erproben • Verschiedene künstlerische Werke zum Thema Vögel kennenlernen	• Räumliches Gestalten • Auseinandersetzung mit Bildern und Objekten	• Franz Marc: Vögel • Joan Miró: Mondvogel • Alexander Calder: Le Coq	5 Stunden
74	Paradiesgarten	• Leinwände arbeitsteilig zu einer Vogellandschaft gestalten	• Farbiges Gestalten	• Paul Klee: Vogel-Begegnung	Im Rahmen eines Wochenplans

Seite	Titel	Fähigkeiten/Fertigkeiten	Aufgabenschwerpunkte	Kunstwerke/Künstler	Zeit
78	Paradiesvögel im Vogelparadies	• Eine Ausstellung planen und durchführen • Zusammen mit den Eltern ein Vogelhaus bauen	• Präsentationstechniken • Räumliches und farbiges Gestalten	• Lis Blunier: Vogelhausstadt	4 Stunden
	Kapitel 4: Alles wird blau!				
83	Eine blaue Symphonie	• Collagetechnik, angeregt durch einen Künstler, kennenlernen und ausführen • Nur eine Farbe bewusst einsetzen und ihre Wirkung beobachten • Unterschiedliche Materialien einsetzen und zu einer Collage zusammensetzen	• Farbiges Gestalten: Bewusste Auseinandersetzung mit der Farbe Blau		2 Stunden
89	Eintauchen in die Tiefen des Meeres	• Eine Fantasiereise in Form einer Ideenskizze (textlich und grafisch) weiterführen • Eine Unterwasserlandschaft anhand der Skizzen als Assemblage plastisch realisieren • Erfahrungen ausweiten auf unterschiedliche Materialien und Werkzeuge	• Textliches Gestalten • Grafisches Gestalten • Plastisches Gestalten	• Yves Klein: IKB 3	4 Stunden
93	Figur im Raum	• Beschäftigung mit einem Kunstwerk aus Schwämmen • Mit Alltagsmaterialien experimentieren und ein Objekt plastisch gestalten • Erfahrungen ausweiten auf unterschiedliche Materialien und Werkzeuge	• Plastisches Gestalten • Räumliches Gestalten	• Yves Klein: Schwammskulpturen	3 Stunden
96	Fit wie ein Handabdruck	• Erleben und Planen eines ästhetischen Prozesses (Aktionskunst) • Neue Techniken der Gestaltung kennenlernen und erfahren • Sich mit der Abdrucktechnik und seiner Wirkung beschäftigen • Körperabdruckmöglichkeiten erproben • Ergebnisse im Rahmen einer Ausstellung präsentieren	• Räumliches Gestalten • Szenisches Gestalten • Gestaltung als Miteinander erleben	• Yves Klein: Ohne Titel (ANT 105)	2 Stunden
	Kapitel 5: Land-Art				
101	DenkMal nach, wenn du über diese Steine stolperst	• Plastisches Arbeiten mit Naturmaterialien, Farbe und Ytong-Steinen	• Plastisches Gestalten • Räumliches Gestalten	• Ian Hamilton Finlay: Sparta-Garten • Michelangelo Buonarroti: David	2 Stunden
105	Der verirrte Farbtropfen	• Räumliche Elemente zu einem Gestaltungszusammenhang kombinieren • Farben bewusst einsetzen, ihre Wirkung im Raum beobachten	• Farbiges Gestalten • Räumliches Gestalten	• Andy Goldsworthy: Irische Blätter mit Beeren	2 Stunden
109	Steinkreise	• Fundstücke (Steine) zu einem Gestaltungszusammenhang kombinieren	• Räumliches Gestalten	• Richard Long	2 Stunden
	Kapitel 6: Das kleine Kunsttagebuch				
113	„Das-ist-Kunst"-Sammelwand	• Sich mit Kunst und Kunstwerken beschäftigen	• Verschiedene Ausprägungen ästhetischer Gestaltung kennenlernen		1 Stunde
114	Das Kunstportfolio	• Eigene Fähigkeiten und Fertigkeiten beobachten und beurteilen	• Präsentations- und Dokumentations-techniken kennenlernen und ausführen		Mehrere Einzelstunden im Laufe des Schuljahres
120	Die Baselitz-Idee	• Sich mit eigenen Kunstwerken aus der Kindergartenzeit auseinandersetzen und diese kritisch reflektieren	• Farbiges Gestalten	• Georg Baselitz: Der Adler (Original und Replik)	1 Stunde

1 Web doch mal...

Thema und Intention

Weben ist eine jahrtausendealte Technik, die nahezu in jeder Kultur bekannt ist und angewendet wird. Textilsystematisch gehört das Weben zu den flächenbildenden Techniken. Hierbei werden zwei Fadensysteme, die im rechten Winkel zueinander stehen, miteinander verkreuzt. Das 1. Fadensystem besteht aus Längsfäden (Kette) und wird in einem Webrahmen bzw. -stuhl eingespannt. Das 2. Fadensystem ist ein meist „endloser" Faden (Eintrag), der quer eingezogen bzw. gestopft wird. Weben wird zur Produktion von Stoffen zur Weiterverarbeitung und Herstellung von Bildgeweben (Schmuckfunktion) eingesetzt. Gewebte Stoffe bilden die Hauptgrundlage zur Herstellung von Kleidungsstücken und Wohnraumtextilien. Für Kinder stellt die Technik des Webens ein einfaches und strukturiertes Mittel dar, textile Flächen zu produzieren und in kreativen Prozessen neue Möglichkeiten der Technik zu entdecken, sie zu verändern. In dieser Unterrichtsreihe wird die einfachste Form des Webens eingesetzt. Auf eine Fachbildung wird verzichtet. Die Kinder können selbstständig eigene Webrahmen bzw. -gelegenheiten finden und herstellen (s. S. 26 ff., Bauanleitungen). Dies fördert ihre Selbstständigkeit, ihr logisches Denken und ihre Kreativität. Beim Weben erlernt das Kind eine textile Technik und kann beim Bau von Webrahmen handwerkliches Geschick zeigen.

Wie die meisten textilen Techniken auch, ist das Weben von einer Gleichmäßigkeit, einem Rhythmus bestimmt. Dieser Rhythmus wird schnell von den Kindern aufgenommen und verinnerlicht. Beim Weben ist häufig zu beobachten, wie sehr der Takt und die Regelmäßigkeit bei der Durchführung Ruhe in eine Klasse bringen kann.

Gerade auffälligen Kindern bietet diese Technik eine Chance, ihre Konzentration zu bündeln und ruhiger zu werden. Deshalb wird in dieser Unterrichtsreihe auch das Lernen mit dem ganzen Körper zugrunde gelegt. Durch das „Erspüren" der Technik ist die spätere Anwendung der Technik auch für Kinder mit Wahrnehmungsstörungen und Konzentrationsstörungen ein Kinderspiel. Bei der Rhythmisierung hilft den Kindern ein „Webrap" (s. S. 14), der ihnen den Takt angibt.

Informationen zur Unterrichtsreihe

Ziel der Reihe	Durch ganzheitliches Erleben mit dem eigenen Körper erspüren die Schüler zunächst die Technik des einfachen Webens, lernen sie an kleinen Werkstücken selbst auszuführen und setzen die erlernte Technik im kreativen Prozess ein.
Aufbau der Reihe	• **Drunter und drüber, immer hin und her** – Mit dem ganzen Körper weben (Doppelstunde) • **Drunter und drüber im Treppenhaus** – Weben an einem Treppengeländer (Doppelstunde) • **Webstücke** – Einen fliegenden Teppich für Max Maus weben (2 Doppelstunden) • **„Bewebtes Leben"** – Kunstvolles Weben mit Alltagsgegenständen (2 Doppelstunden)

1.1 Drunter und drüber, immer hin und her – Mit dem ganzen Körper weben

Material

Gewebe (z. B. Jutesack, davon kleine Stücke), Kopie des Webraps für jedes Kind (s. S. 14), Kopie Symbolkarten 1 und 2 (s. S. 13), 10–12 Schülertische, lange Seile oder stabile Fäden (Länge ungefähr Klassenbreite bzw. Breite des Platzes, der genutzt werden kann), Stoffstreifen (ca. 20 cm breit, Länge richtet sich nach der Anzahl der genutzten Schülertische), Fotokarton (DIN A2) zum Bekleben (Symbolkarten), Digitalkamera
Außerdem: ausreichend Platz (Tische und Stühle an die Wände stellen oder auf den Flur räumen, eventuell Pausenhalle, Schulhof oder Turnhalle nutzen)

Ziel der Stunde

Die Schüler sollen das Prinzip der Technik Weben (drunter und drüber, immer hin und her) mit dem ganzen Körper erleben. Beim Führen des Schussfadens durch ein großräumiges Fadensystem spüren sie den Weg des Schussfadens. Die Grundtechnik („Stopfweben“, keine Fachbildung) wird so vom ganzen Körper auf psychomotorischem Weg verinnerlicht. Durch den „Webrap“ wird das Gefühl der Rhythmisierung gestärkt und unterstützt.

Begründung des Themas und Intention

In der heutigen Zeit fällt es vielen Kindern schwer, einen eigenen Rhythmus und innere Ausgeglichenheit zu finden. Sie müssen sich äußeren Gegebenheiten anpassen und werden bereits im Klein- und Schulkindalter Alltags- bzw. Freizeitstress ausgesetzt. Ruhe und Gelassenheit zu gewinnen, fällt ihnen häufig schwer. Dies hat sowohl Auswirkungen auf ihre Konzentrations- als auch ihre Wahrnehmungsfähigkeit. Unruhige und verhaltensauffällige Kinder prägen immer deutlicher den Unterrichtsalltag. Textile Techniken bieten häufig eine Möglichkeit, den Stress hinter sich zu lassen und, zumindest für einen bestimmten Zeitraum, Entspannung und Ausgeglichenheit zu finden. Gerade auffällige Kinder werden das textile Werken gern als Möglichkeit zur Entspannung wahrnehmen. Eine textile Technik auf psychomotorischem Weg zu vermitteln, scheint daher eine ideale Verknüpfung, zumal sie bei der Technik Weben mit einfachen Mitteln und vor allem mit viel Freude und Spaß umzusetzen ist.

Aufbau der Stunde

Einstiegsphase

Zu Beginn der Stunde wird den Kindern ein Gewebe gezeigt. Die Kinder sollen Vermutungen anstellen, wie dieses Gewebe entstanden ist. Diese Vermutungen werden an der Tafel gesammelt. Die Kinder ordnen sich den einzelnen Vermutungen zu, sodass eine kleine Rangliste entsteht. Die Abstimmungsergebnisse werden notiert.

Erarbeitungsphase

Jedes Kind erhält ein kleines Stück dieses Gewebes und darf nun beginnen, sich dies genau anzuschauen und die Verarbeitung des Fadens zu analysieren. Die Kinder zupfen das Gewebe an einzelnen Stellen auseinander und beobachten dabei, wie die Fäden sich zueinander verhalten. Es wird ein System entdeckt. Es gibt Fäden, die immer drüber und drunter laufen und bei der nächsten Runde andersherum. Die Kopien der Symbolkarten 1 und 2 werden nun nacheinander den Kindern vorgestellt. Die Kinder ordnen den Symbolkarten ihre entsprechende Bedeutung zu. Die Karten werden nun auf den Fotokarton geklebt. Den Kindern wird erklärt, dass das der Fotokarton (das Klassenplakat) ist, der sie während der gesamten Unterrichtsreihe begleiten und unterstützen wird, die dargestellten Prinzipien einzuhalten. Das Klassenplakat sollte dauerhaft in der Klasse hängen, damit es immer wieder

an die Technik erinnert. Es wird im Laufe der Reihe zu drei Grundprinzipien der Technik erweitert. Während der weiteren Erarbeitungsphasen werden die Symbolkarten zur Erinnerung gezeigt und helfen den Kindern während der Durchführung. Bei der Abschlusspräsentation zeigt das Klassenplakat den anderen Kindern, was beim Weben besonders wichtig ist!
Durch die Symbolkarten mit dem sich bewegenden Kind werden die Kinder auf die Idee gebracht, selbst einen Faden durch ein weiteres Fadensystem zu transportieren. Um die Bewegungen zu spüren, die dabei von Bedeutung sind, machen die Kinder sich erst einmal mit dem Webrap „warm". Rhythmus und Bewegung spielen hier eine entscheidende Rolle und sollten von den Kindern verinnerlicht werden. Jedes Kind erhält zunächst eine Kopie des Webraps, die sie sich durchlesen. Üben Sie zuerst mit den Kindern den Text und führen anschließend die dazugehörigen Bewegungen ein. (Hierbei bitte Kopien aus der Hand legen!) Dabei wird ein „klasseneigener" Rhythmus entstehen, der sich während der nächsten Einheiten wiederholen sollte. Es entsteht ein Bewegungsreim, der die Technik des Webens beschreibt und so die Kinder auf die Durchführung vorbereitet.

Durchführungsphase

Die Kinder verwandeln nun den Klassenraum in einen riesigen Webrahmen. Dazu werden auf beiden Seiten des Raumes Schülertische aufgebaut (Webrahmen). Die Beine der Tische dienen der Befestigung der Kettfäden. Die Kettfäden (Seile bzw. Kordeln) werden nun von Tischbein zu Tischbein gespannt. Es bildet sich ein großer bespannter Webrahmen, den es nun zu Beweben gilt.
Die Schüler werden in zwei Gruppen geteilt, die sich jeweils an einer Seite des Webrahmens aufstellen. Diese Gruppe wird noch einmal in „Webkinder" und „Haltekinder" unterteilt. Die Gruppen werden im Anschluss gewechselt. Auf einer Seite erhält nun ein Kind einen Schussfaden, den es nach „Weberart" zur anderen Seite bringen muss. Die Kinder sprechen noch einmal den Webrap und erinnern sich an das Drüber und Drunter. Das Kind beginnt nun, mit dem Schussfaden in der Hand über den ersten Kettfaden zu steigen. Dann krabbelt es unter den zweiten und so weiter. Das Ende des Schussfadens wird von einem Kind festgehalten. Das Kind wird von rhythmischem Sprechen der anderen Mitschüler auf seinem Weg durch den Webrahmen begleitet (drüber und drunter, drüber und drunter...). Am Ende angekommen, übergibt das Kind den Schussfaden. Jetzt beginnt ein Kind auf dieser Seite. Dabei bemerken die Kinder, dass nun der Webrap andersherum aufgesagt werden muss. Das Kind beginnt, indem es unter den Kettfaden krabbelt und so weiter. Die Kinder wechseln so lange die Seite, bis alle „Webkinder" an der Reihe waren. Die „Haltekinder" werden nun abgelöst. Die Enden werden, bevor sie losgelassen werden, zusammengetackert, damit sich das Gewebe nicht auflöst. Alles beginnt von vorn ...

Machen Sie von den Kindern viele Fotos! Bei einer Abschlusspräsentation der Reihe im Schulgebäude bildet eine Collage eine überraschende Dokumentation zum Einstieg in die Technik!

Auswertungsphase

Durch das Drüber und Drunter – Drunter und Drüber der Kinder ist ein großes Gewebe entstanden. Die Kinder schauen auf ihr in Bewegung entstandenes Webstück und vergleichen es mit dem zu Beginn der Stunde untersuchten Gewebe. Sie stellen fest, dass durch die Einhaltung einer bestimmten Bewegung, eines Rhythmus, ein solches Gewebe entsteht. Die Kinder betrachten noch einmal das Gewebestück aus der Einführungsphase und stellen fest, dass es sich dabei um die am eigenen Körper erlebte Technik handeln muss.
Das Ergebnis wird nun mit den Vermutungen an der Tafel verglichen und es wird überlegt, ob ein Teil der Kinder bereits zu Beginn der Stunde den richtigen Weg zu einem Gewebe kannten.

Symbolkarte 1

Symbolkarte 2

Webrap

Drüber und drunter, drüber und drunter,

immer hin und her.

Drüber und drunter, drüber und drunter,

das ist doch nicht schwer.

Drüber und drunter, drüber und drunter,

immer auf und ab.

Drüber und drunter, drüber und drunter,

sieh nur, wie das klappt!

Drüber und drunter, drüber und drunter,

immer hin und her.

Drüber und drunter, drüber und drunter,

das ist doch nicht schwer.

1.2 Drunter und drüber im Treppenhaus – Weben an einem Treppengeländer

Material

Symbolkarten (1 und 2) auf Fotokarton (DIN A2), Kopie der Symbolkarten 3 und 4 (s. S. 17), Stoffbahnen (aus Einheit 1.1), bunte Krepppapierbänder (10–20 cm breit), Klebeband, Scheren, Körbe oder Kisten (Materialbox gefüllt mit Stoff- und Kreppbändern), Treppenhausgeländer (oder Ähnliches) mit Längsstreben

Ziel der Stunde

Die Kinder sollen die Technik des Webens als dekorative, Alltagsdinge verändernde Technik kennenlernen. Beim Weben an einem starren Kettsystem, das eine starke Struktur vorgibt, üben sie die Bewegungen, die sie zuvor mit ihrem ganzen Körper ausgeführt haben, auf das Arbeiten mit den Händen zu beschränken. Durch die starre Struktur kommt die Gleichmäßigkeit beim Weben besonders gut zur Geltung. Die Kinder lernen während des Webens mit den Bändern die Bedeutung der Verdichtung kennen. Um eine einheitliche und blickdichte Fläche zu erhalten, müssen die Bänder nah genug aneinandergeschoben werden.

Begründung des Themas und Intention

Schon früh wurde die Technik des Webens nicht nur zu praktischen Zwecken eingesetzt. Beim Weben wurde schnell das Praktische mit dem Dekorativen verbunden. In dieser Stunde haben die Kinder Gelegenheit, einen ganz alltäglichen Gegenstand in ein dekoratives Schmuckstück zu verwandeln. Ein Geländer im Treppenhaus soll verwebt werden und zu einem farblichen Hingucker im Schulgebäude werden. Während der Arbeit am Treppengeländer festigen die Kinder ihre in der vorhergehenden Stunde erworbenen Fähigkeiten. Die Prinzipien, die sie mit dem ganzen Körper erlebt haben, übertragen sie nun am großen Objekt auf die Arbeit mit ihren Händen. Dies erleichtert in der darauffolgenden Stunde die Arbeit am kleinen Webrahmen. Auch Kinder mit motorischen Schwierigkeiten und Problemen im Wahrnehmungsbereich werden so Schritt für Schritt an den eigentlichen Webvorgang herangeführt.
Die Arbeit am Treppengeländer erfordert viel Teamgeist. Ein solch großes Projekt kann schließlich nur fertiggestellt werden, wenn alle zusammenhalten, sich unterstützen, beraten und helfen. Eine gute Übung im Hinblick auf eine Förderung der sozialen Fähigkeiten.

Aufbau der Stunde

Einstiegsphase

Zum Einstieg in die zweite Einheit der Reihe werden die Kinder aufgefordert, das gesamte Schulgebäude nach Dingen abzusuchen, an denen man weben kann. Dabei kann eine Kette bereits vorhanden sein (Zäune, Tore, Klettergerüst etc.) oder leicht angebracht werden (Astgabeln, alte Fenster usw.).
Teilen Sie die Kinder in Gruppen ein, die zusammenbleiben müssen. Um die Aufsichtspflicht zu gewährleisten, müssen klare Regeln abgesprochen werden (in der zugeteilten Gruppe bleiben, zum verabredeten Zeitpunkt wiederkommen) und Sie für die einzelnen Gruppen immer erreichbar sein. In Zweifelsfällen sprechen Sie vorher mit dem Direktor ab, ob diese Regelung den Gegebenheiten an Ihrer Schule entspricht. Nachdem sich die Kinder auf die Suche begeben haben, sammeln sie sich wieder am Ausgangspunkt.

Erarbeitungsphase

Die Schülerinnen und Schüler sitzen im Stuhlkreis. Die Kinder berichten von den Stellen im Schulgebäude, an denen man die Technik Weben durchführen kann. Dabei begründen sie ihre Auswahl und erläutern die Umsetzung der Technik am ausgewählten Gegenstand. Hierbei hilft ihnen das Klassenplakat (s. o.) mit den bereits angebrachten Symbolkarten.
Die Kinder werden mit dem Material ins Treppenhaus geführt. Dann öffnen die Kinder die Materialboxen und betrachten das mitgeführte Material. Falls die Idee, das Treppenhaus zu beweben, im Vorfeld von den Kindern noch nicht eingebracht wurde, werden sie schnell sehen, welche weitere Möglichkeit sich ihnen nun bietet.

Durchführungsphase

Während der Durchführungsphase werden die Kinder das Treppenhaus in ein buntes, leuchtendes Objekt verwandeln. Sicher wird dies schon während der Arbeit ziemliches Aufsehen erregen. Aber die Kinder wissen schließlich, was sie hier tun, und können den staunenden „Passanten" alles erklären. Auch hier sollte das Klassenplakat mit dabei sein.
Bevor es losgeht, beginnen die Kinder mit einem „Warm-up", um noch einmal alles zu wiederholen. Sie stellen sich in einen großen Kreis und sprechen den Webrap und bewegen sich entsprechend dazu.
Die Kinder arbeiten nun in Teams zusammen. Das bedeutet, sich zu einigen, sich zu helfen und zu unterstützen. Gemeinsam überlegen die Kinder, wo man beginnt. Vielleicht lässt sich das Treppenhaus oder das Geländer in verschiedene Webzonen aufteilen? Dann können mehrere kleine Teams gleichzeitig arbeiten. Die Kinder finden sicher eine Lösung.

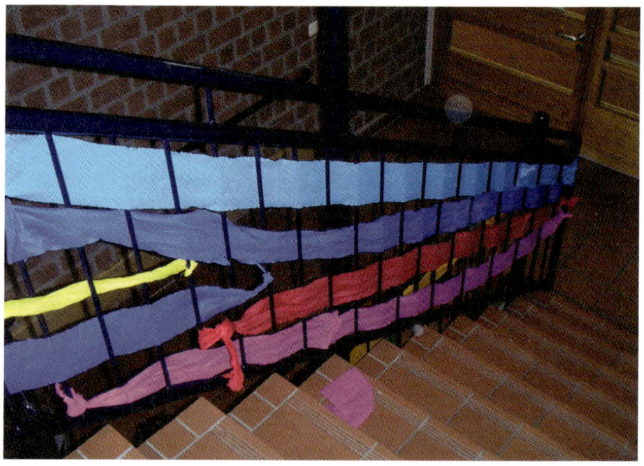

Die Materialboxen werden für alle zugänglich aufgestellt. Am Anfang eines Schusses wird das Material mithilfe eines Klebebandes an das Geländer geklebt und schon kann es losgehen. Um die Wirkung des Treppenhauses wirklich zu verändern, wird ein Schusseintrag ganz nah an den anderen gesetzt. So entsteht aus einem „transparenten" Treppenhaus eine bunte, blickdichte Fläche.

Auswertungsphase

Die Kinder betrachten das Treppenhaus und lassen das entstandene Objekt auf sich wirken. Gemeinsam mit den Kindern wird über die veränderte Wirkung, die sie mit ihrer Webkunst erzielt haben, gesprochen. Am Ende der Auswertungsphase werden die Kinder noch einmal darauf aufmerksam gemacht, dass nur ein enges Zusammenschieben des Schusseintrages eine Verdichtung der Fläche bewirkt. Ein drittes Prinzip beim Weben wird entdeckt und als neue Symbolkarten (s. Symbolkarten 3 und 4, S. 17) auf das Klassenplakat geklebt.

Möglichkeiten zur Weiterarbeit

Die Kinder haben bereits in der Einstiegsphase viele Möglichkeiten im Schulgebäude oder auf dem Schulgelände gefunden. Graue und triste Gegenstände, die keinen Blick auf sich lenken. Sie warten förmlich darauf, mithilfe der Technik Weben verschönert zu werden. Eine Toreinfahrt zur Schule, der Zaun (auch Maschendraht ist erlaubt) zum Nachbarn hin, der sich schon lange einen Sichtschutz zum Schulhof wünscht, oder Geländer auf dem Spielplatz. Sicher finden die Kinder noch weitere Möglichkeiten und sie merken schnell, dass das Schöne häufig mit dem Praktischen verbunden werden kann. Bedenken Sie jedoch vorher, Erlaubnis einzuholen und bei der Arbeit im Freien auf wetterfeste Materialien zurückzugreifen.

Symbolkarte 3

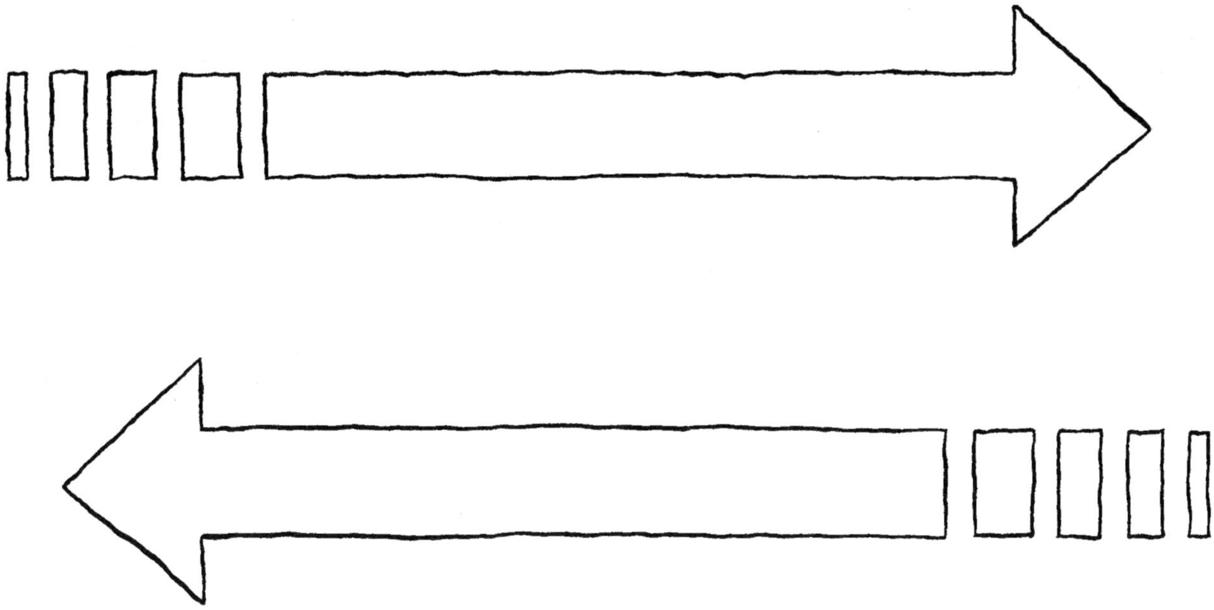

Symbolkarte 4

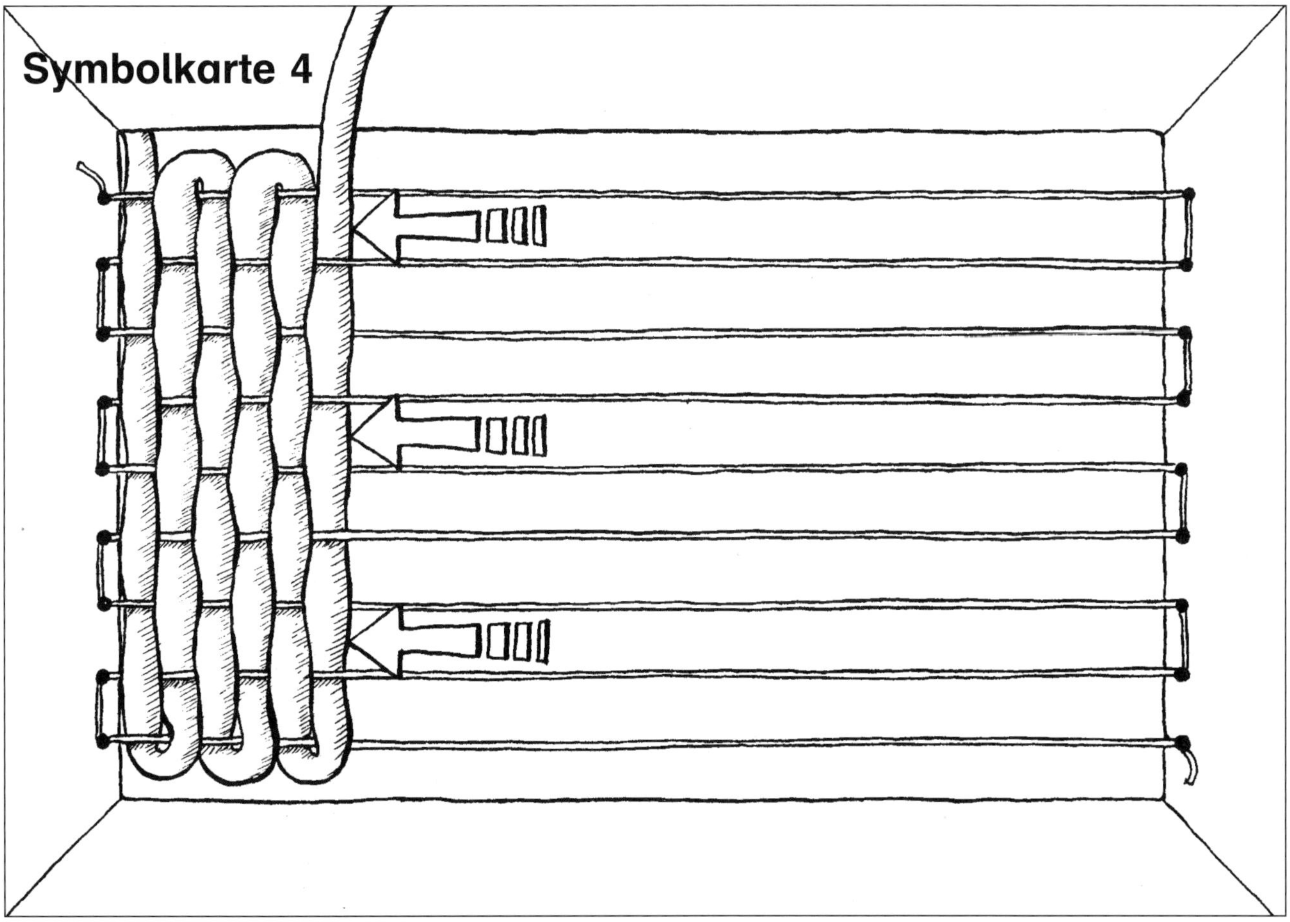

1.3 Webstücke – Einen fliegenden Teppich für Max Maus weben

Material

Vorlesetext „Max Maus und der fliegende Teppich" (s. S. 22), Illustrationen zur Geschichte auf Folie (s. S. 23 ff.), Klassenplakat mit Symbolkarten 1 bis 4, Kopie der Symbolkarte 5 (s. S. 25), Kopien Arbeitspläne für Webrahmen 1–3 (s. S. 26 ff.), vergrößert auf drei unterschiedlich farbige Fotokartons (DIN A3) geklebt, mehrere kleine Arbeitspläne für Arbeitsgruppen), Rückwände von Zeichenblöcken, Schuhkartons, Bilderrahmen, Nägel, Hammer, Scheren, Klebeband, Wolle, alte T-Shirts zum Zerschneiden (s. Anleitung: Garn aus T-Shirts, S. 29 als Kopiervorlage), Materialboxen

Der Materialtisch – Sammeln wie Max Maus
Beziehen Sie die Kinder bei der Materialsammlung mit ein! Fast in jedem Haushalt gibt es Material, das anderweitig keine Verwendung mehr findet und gern zum weiteren Verbrauch abgegeben wird. Kinder macht es stolz, mit selbst gesammeltem Material zu arbeiten. Außerdem entsteht so meist eine bunte Vielfalt von Materialien.
Stellen Sie aus dem mitgebrachten Material mit den Kindern einen großen Materialtisch zusammen! So werden auch Kinder, die nur wenig mitbringen konnten, ausreichend versorgt und niemand fühlt sich benachteiligt.

Ziel der Stunde

Gemeinsam mit Max Maus werden die Kinder auf den Weg gebracht, ihren eigenen Webrahmen zu bauen und darauf ihr erstes Webstück herzustellen. Die Kinder können beim Bau der Webrahmen handwerkliches Geschick unter Beweis stellen. Dabei hilft ihnen ein Arbeitsplan (drei unterschiedliche Schwierigkeitsgrade), ihr Handeln zu planen und möglichst selbstständig zu arbeiten.
Die Kinder lernen, ihren Webrahmen mit Kettfäden zu bespannen und im Anschluss mit verschiedenen Materialien ein eigenes Webstück zu weben. Dabei berücksichtigen sie die bereits erlernten Prinzipien und experimentieren mit Wolle und anderen Materialien.

Begründung des Themas und Intention

Im Vorfeld haben die Kinder bereits gelernt, wie man ein Gewebe herstellen kann. Nun ist es an der Zeit, ein eigenes Webstück herzustellen. Jedes Kind kann für sich, im individuellen Tempo und nach eigenem Geschmack weben und die eigentliche Technik vertiefen. Dabei werden die Kinder zunächst von der Geschichte von Max Maus angeregt, einen kleinen Teppich zu weben. Die Geschichte bietet einen Rahmen, der Kinder animiert, mit viel Fantasie und Anregung zu arbeiten. Es ist wichtig, dass den Kindern eine große Auswahl an Materialien zur Verfügung steht. Bedenken sollte man auch, dass es sich um einen fliegenden Teppich (einen Zauberteppich also) handelt, der sicherlich den einen oder anderen Glitzer und Glamour verträgt.

Lassen Sie Max Maus einfach fliegen! Bei der Abschlusspräsentation wäre es doch toll, wenn einige Teppiche tatsächlich abheben und in die Lüfte gehen (an Nylonfäden aufhängen) würden.
Max Maus kann von den Kindern als Figur geknetet werden und auf dem Teppich sitzen.

Aufbau der ersten Stunde

Einstiegsphase

Zu Beginn der Stunde bekommen die Kinder die Geschichte von Max Maus und dem fliegenden Teppich (s. S. 22) vorgelesen. Dazu sehen sie die entsprechenden Abbildungen (s. S. 23 ff.), die mithilfe eines Overheadprojektors an die Wand geworfen werden. Anhand der Geschichte erfahren die Kinder, welche Arbeitsschritte für die Herstellung eines Webstückes notwendig sind: das Sammeln von Material, die Herstellung eines Webrahmens, das Spannen der Kettfäden, das Einschießen von Material.

Erarbeitungsphase

Das Sammeln von Material ist bereits erfolgt. Die Kinder legen nun ihr Material auf den Materialtisch und sichten es. Sie haben genau wie Max Maus eine Vielfalt an unterschiedlichen Materialien zusammengetragen. Die Lehrerin/der Lehrer befestigt nun die drei unterschiedlichen Arbeitspläne zur Herstellung eines Webrahmens (s. S. 26 ff.) an der Tafel. Die Kinder beschreiben die Arbeitspläne und entscheiden sich für einen Webrahmen, den sie selbst nachbauen möchten. Wichtig ist, auf die unterschiedlichen Schwierigkeitsgrade aufmerksam zu machen. Gemeinsam mit den Kindern wird überlegt, welcher Webrahmen für das entsprechende Kind am geeignetsten erscheint. Eventuell werden kleine Arbeitspläne an die entsprechenden Arbeitsgruppen verteilt.

Durchführungsphase

Der Materialtisch wird nun erst einmal geordnet. Material, das zum Bau der Webrahmen nicht benötigt wird, verschwindet in einer Materialbox. Ausreichender Platz zum ungestörten Werken wird gemeinsam mit den Kindern geschaffen. Jede Arbeitsgruppe benötigt einen Arbeitstisch. Stühle und die übrigen Tische werden an den Rand geschoben.
Die Kinder besorgen sich im nächsten Schritt das benötigte Material und beginnen mit dem Bau des Webrahmens. Anhand des entsprechenden Arbeitsplanes können sie selbstständig arbeiten. Jedes Kind stellt allein oder in Partnerarbeit seinen eigenen Webrahmen her.

Auswertungsphase

Nach dem Aufräumen präsentieren die Kinder ihren Webrahmen. Sie berichten über Vorkommnisse bzw. Schwierigkeiten beim Webrahmenbau. Die fertigen Webrahmen werden mit dem Namen des Kindes versehen und an einen gemeinsamen Platz gestellt. Nun ist alles fertig, um mit dem Weben des fliegenden Teppichs für Max Maus zu beginnen.

Tipp: Auch hier können die Kinder hervorragend zusammenarbeiten. Gemeinsam mit einem Partner ist der Bau eines Webrahmens viel einfacher.

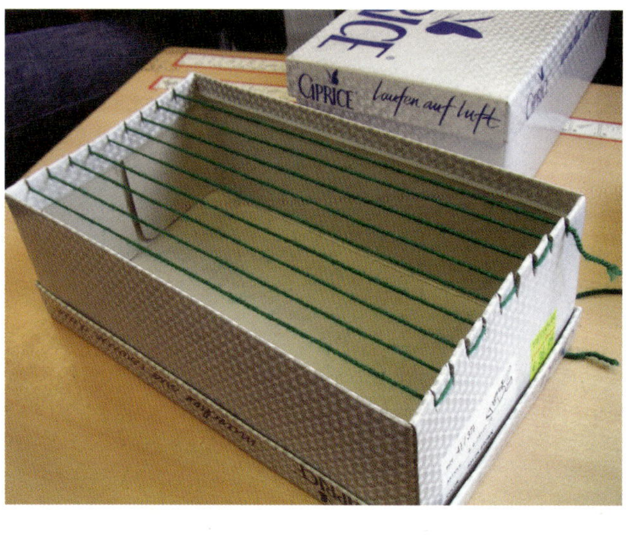

Aufbau der weiteren Stunden

Einstiegsphase

In den weiteren Stunden wird am Teppich für Max Maus gearbeitet. Die Kinder füllen den Arbeitstisch mit Materialien auf und richten ihre Arbeitsplätze mit ihrem Webrahmen ein.

Erarbeitungsphase

Als Nächstes wärmen sich die Kinder für das Weben auf (Webrap). Auf dem Klassenplakat können sie die bereits gelernten Prinzipien wiederholen.

Durchführungsphase

Die Kinder fertigen in den folgenden Stunden ihr erstes eigenes Webstück an. Eine große Auswahl an Materialien regt zu unterschiedlicher Gestaltung an. Jedes einzelne Webstück wird zum Unikat, das die Handschrift des Kindes trägt. Den Kindern wird bewusst, dass sie beim Weben Streifen erzeugen. Das Weben von unterschiedlich breiten Streifen wird zum ersten Gestaltungselement.
Einige Kinder bemerken sicherlich, dass ihr Gewebe nicht gleichmäßig breit bleibt. Die Lehrerin/der Lehrer verdeutlicht die Notwendigkeit einer gleichmäßigen Kraftdosierung. Die Kinder werden schnell zu einer positiven, ruhigen Arbeitsatmosphäre gelangen, die Lehrer und Schüler gemeinsam genießen.
Kinder arbeiten unterschiedlich schnell. Aber bei so viel Abenteuerlust kann Max Maus garantiert noch einen zweiten Teppich für seinen Freund Rudi Maulwurf gebrauchen. Zu zweit macht das Fliegen eben noch mehr Spaß!

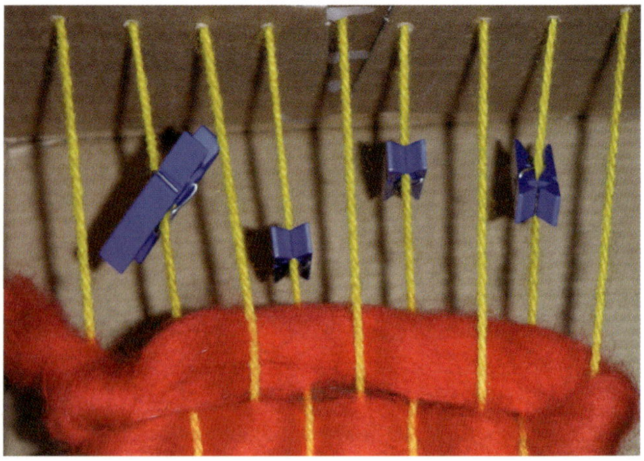

Auswertungsphase

Während der Arbeit am eigenen Webrahmen haben die Kinder ein weiteres Prinzip entdeckt: Beim Weben darf nicht zu fest am Schussfaden gezogen werden, wenn ein rechteckiger, gleichmäßig breiter Teppich entstehen soll. Eine Kopie der Symbolkarte 5 (s. S. 25) wird auf das Klassenplakat geklebt. Die Kinder haben nun die vier Prinzipien kennengelernt und können ihr Wissen im Laufe der Unterrichtsreihe weiter nutzen.

Tipp: Beim freien Weben kann diese Erkenntnis zu wunderschönen Ergebnissen führen. Das bewusste Einsetzen eines festgezogenen Schusses kann einen tollen Effekt erzielen.
Dies trifft gleichsam auf das Prinzip der Verdichtung zu. Das Spiel mit unterschiedlichen Zwischenräumen hat eine ebensolche Wirkung und eröffnet den Kindern eine weitere Alternative in ihrer Gestaltung.

Zum Abschluss dieser Einheit werden die fliegenden Teppiche in der Klasse aufgehängt und warten darauf, bei der Abschlusspräsentation ausgestellt zu werden.

Tipp: Kindern, die grundsätzlich Probleme mit der Kraftdosierung haben, hilft ein einfacher Trick. Zur Stabilisierung des ersten und letzten Kettfadens wird jeweils eine lange Stricknadel oder Ähnliches mit durch die Pappe gesteckt bzw. mit dem Rahmen verbunden. Damit wird verhindert, dass sich das Gewebe zusammenzieht. So verliert das Kind nicht die Lust am Weben!
Am Ende kann die Stricknadel entfernt werden.

Max Maus und der fliegende Teppich

(Bild 1) „Wahnsinn, hast du von so was schon mal gehört!“, rief Max Maus begeistert und starrte dabei in Susa Schneckes fragendes Gesicht. „Ich hab´s von Marla, der alten Eule, gehört und sie weiß, wovon sie spricht. Sie ist schließlich schon sehr alt.“ Susa Schnecke starrte ihn gelangweilt an: „Nö, von so was hab ich wirklich noch nichts gehört und es hört sich auch irgendwie gefährlich an. Also Max, nimm´s mir nicht krumm! Ich bin froh, wenn ich mich in mein Häuschen zurückziehen kann und mich um solche Sachen nicht kümmern muss. Bis bald ...“ Schon drehte sie sich um und setzte langsam und gemütlich ihren Weg fort. Nein, von Abenteuerlust hatte Susa Schnecke noch nicht viel gehört. Das war Max Maus jetzt klar. Aber er, Max Maus, er war ein wahrhaftig großer Abenteurer. Immer auf der Suche nach etwas Spannendem, etwas Neuem. Und da hatte er genau das Richtige erzählt bekommen.

(Bild 2) Die alte Eule Marla hatte den Tierkindern wieder einmal eine spannende Geschichte erzählt. Alle hatten mit offenem Mund gelauscht. Einen Teppich soll es geben. Irgendwo im Orient. Einen Teppich, auf dem man fliegen kann. Egal, wohin man will. Freiheit, Spannung, Abenteuer ... So einen Teppich musste Max Maus unbedingt haben. Bei den Menschen hatte Max Maus bereits einen schönen, großen Teppich angeknabbert. Einfach so zum Spaß. Geschmeckt hatte er nicht. Max Maus hatte aber beobachtet, wie sich der Teppich irgendwie an der angeknabberten Stelle auflöste. Er sah, dass der Teppich aus vielen Fäden bestand, die alle drüber und drunter lagen. Ein einziges Auf und Ab und Hin und Her. Das musste doch wohl zu schaffen sein. Max Maus, der Abenteurer und Teppichtüftler ...

(Bild 3) Max Maus machte sich auf den Weg, um Material für seinen fliegenden Teppich zu suchen. Er sammelte alte Wollreste bei den Menschen, Stroh, Grashalme, lange Fäden, kurze Fäden. Eben alles, was er so finden konnte.

(Bild 4) Und dann legte er los. Ein paar lange Halme Stroh bildeten das Gerüst für seinen Teppich. Er spannte sie zwischen ein paar kleine Äste, damit sie nicht immer so hin und her rollten. Und dann dachte Max Maus scharf nach: „Wie war das noch mal: drüber und drunter, drüber und drunter, immer hin und her. Ja, ich glaub’, das war’s!“ Max Maus begann, das restliche Material durch das Stroh zu stecken, so wie er es bei den Menschen gesehen hatte. Und schon bald lag ein schöner, fester Teppich vor ihm. Er platzte bald vor Stolz.

(Bild 5) Und in seiner Fantasie flog Max Maus mit seinem fliegenden Teppich hoch in die Lüfte. Er bereiste Länder, von denen noch nie ein Mensch gehört hat, und bestritt die wagemutigsten Abenteuer, die du dir denken kannst.

Bild 1
MARY 07

Bild 2

Bild 3

Bild 4

Bild 5

Symbolkarte 4

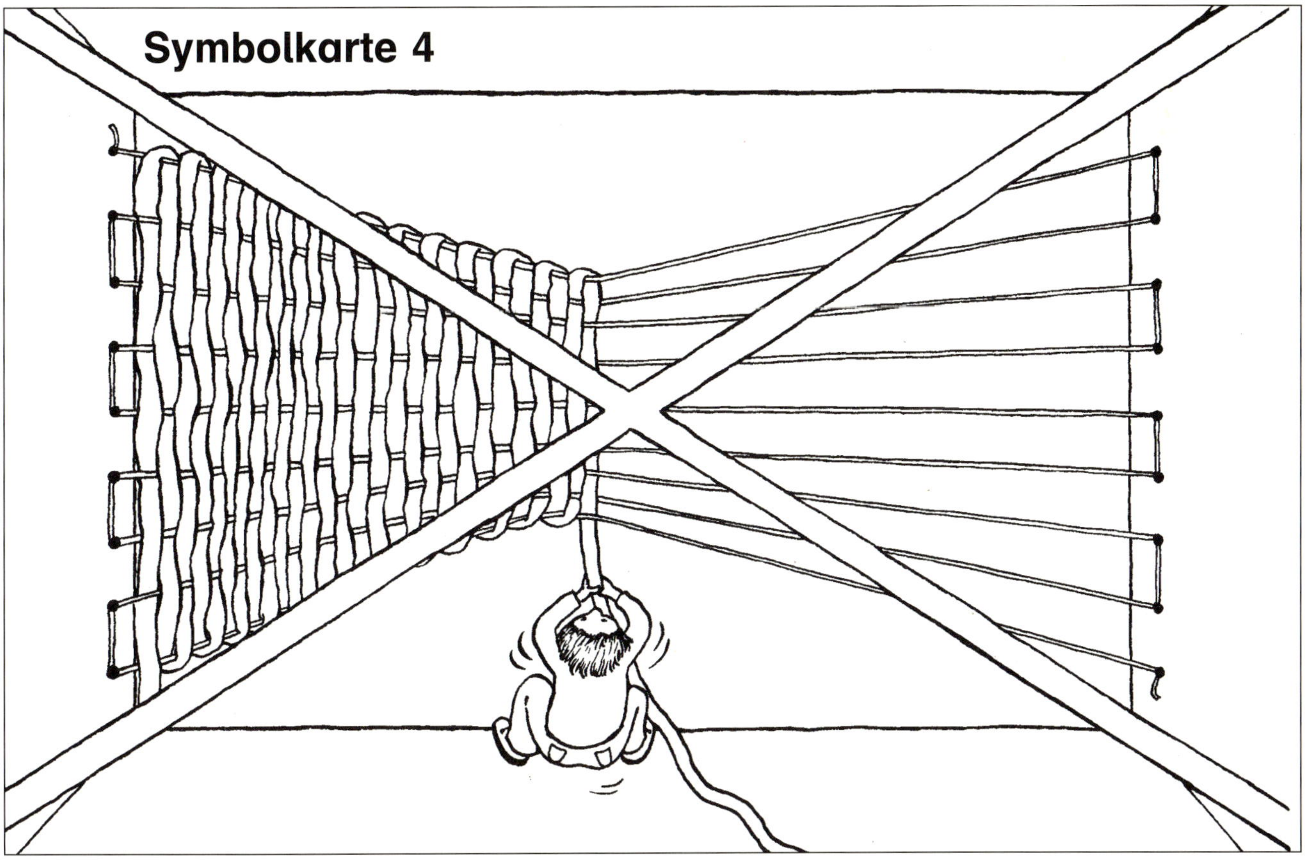

Arbeitsplan 1: Einen Pappkarton-Webrahmen bauen

1	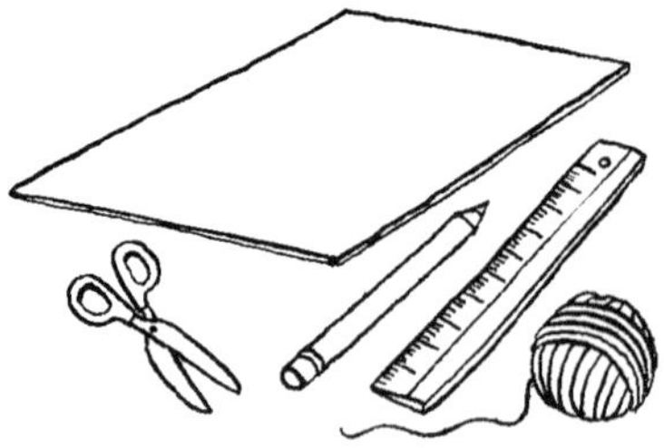	Du benötigst: • Kartonrückwand eines Zeichenblocks • Stift und Lineal • Schere • Fäden zum Spannen des Rahmens
2	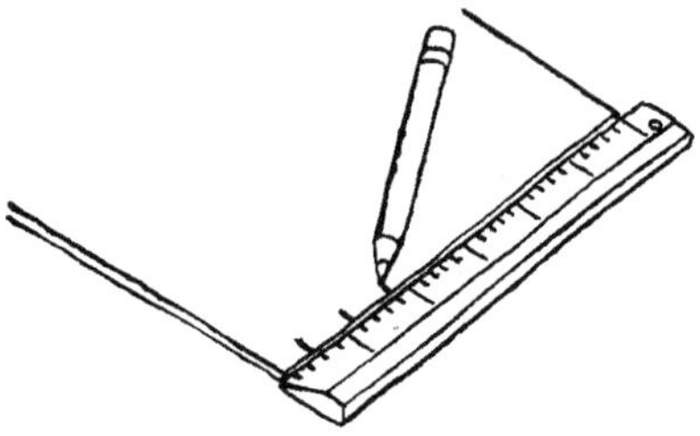	Zeichne auf die Rückwand an beiden schmalen Enden mit einem Lineal alle 3 cm einen Strich.
3	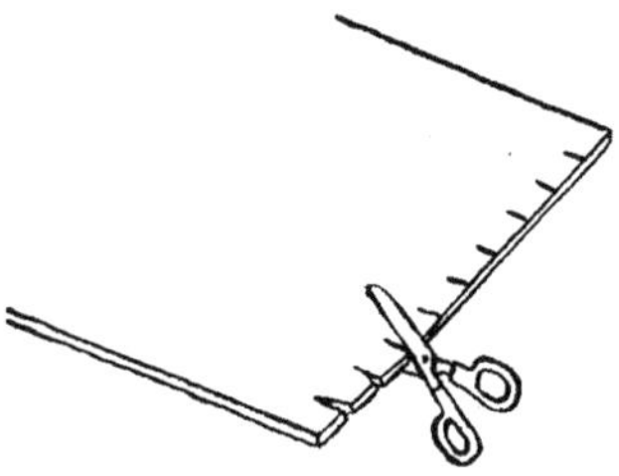	Schneide den Karton an den Strichen mit einer Schere leicht ein.
4	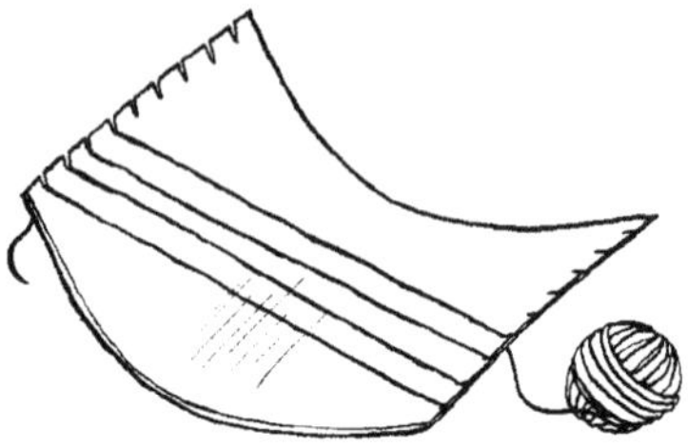	Wickel nun einen Faden von Ritze zu Ritze um den Karton. Er muss sich dabei wie ein Flitzebogen spannen.
5	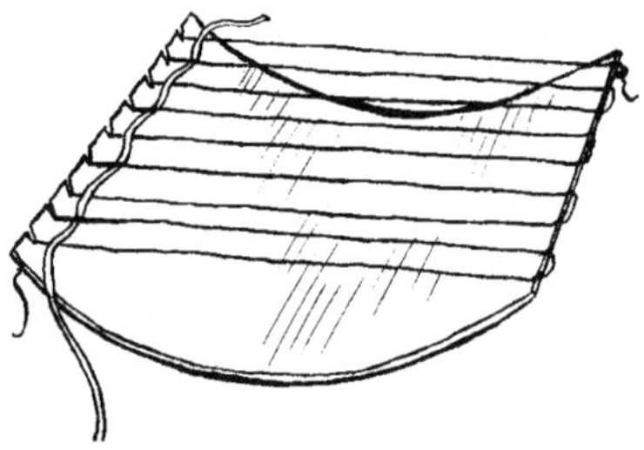	Jetzt hast du einen fertigen Webrahmen. Nun geht es mit einem neuen Faden drüber und drunter.

Lehrerinfo:
Dies ist die einfachste Form, einen Webrahmen herzustellen. Auch Schüler mit feinmotorischen Schwierigkeiten können hier die Kettfäden gut selbst spannen, da diese eher gewickelt als einzeln gespannt werden.

Arbeitsplan 2: Einen Schuhkarton-Webrahmen bauen

1	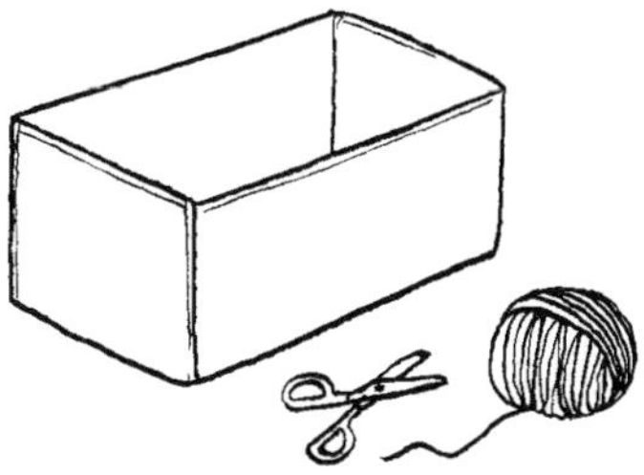	Du benötigst: ● Schuhkarton ● Schere ● Fäden zum Spannen des Rahmens
2		Schneide den Schuhkarton mit der Schere an beiden schmalen Seiten in regelmäßigen Abständen ein.
3		Nimm nun deinen Faden und mache am Anfang einen dicken Knoten. Lege den Faden in die erste Kerbe oben links.
4	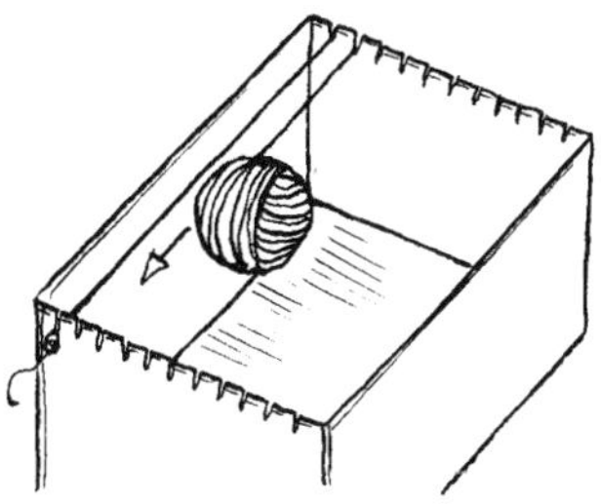	Lege nun deinen Faden in die gegenüberliegende Kerbe. Führe ihn durch die danebenliegende Kerbe und wieder nach oben und so weiter.
5	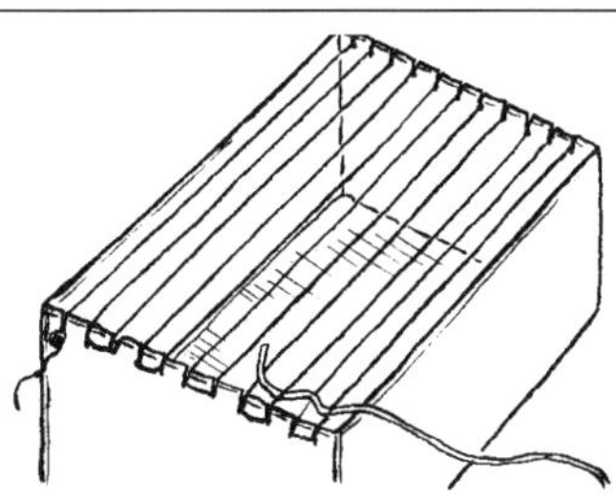	Jetzt hast du einen fertigen Webrahmen. Nun geht es mit dem nächsten Faden drüber und drunter.

Lehrerinfo:
Der Schuhkarton-Webrahmen ist eine stabile Art, einen Webrahmen herzustellen. Nun ist etwas mehr Geschick notwendig, da die Kettfäden jeweils in die kleinen nebeneinanderliegenden Schlitze geführt werden müssen, bevor sie nach unten oder oben geführt werden. Ein Herausspringen des Kettfadens kann mit einem Klebestreifen verhindert werden.

Arbeitsplan 3: Einen Bilderrahmen-Webrahmen bauen

1	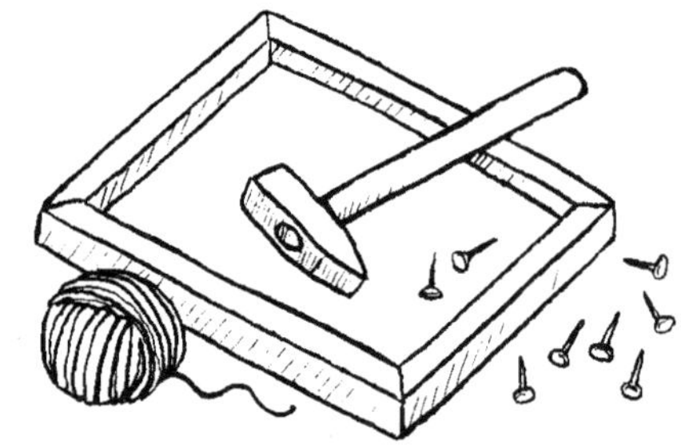	Du benötigst: ● alten Bilderrahmen ● Hammer und kleine Nägel ● Fäden zum Spannen des Rahmens
2	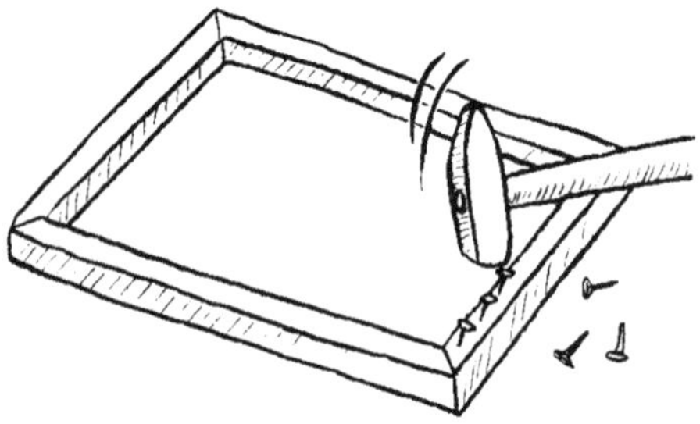	Nimm den alten Bilderrahmen und schlage an den schmalen Seiten gleichmäßig kleine Nägel in den Rahmen.
3	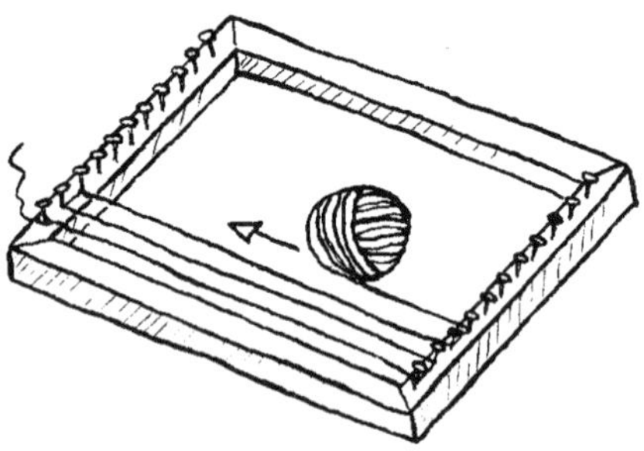	Spanne nun deinen Faden zwischen die Nägel. Beginne dabei links oben und führe den Faden um den gegenüberliegenden Nagel und wieder nach oben.
4	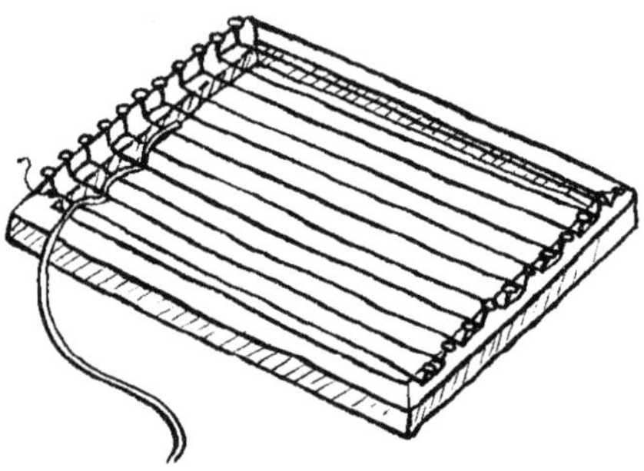	Bespanne so den ganzen Rahmen und du hast einen fertigen Webrahmen. Nun geht es mit einem neuen Faden drüber und drunter.

Lehrerinfo:
Der Bau eines Webrahmens aus einem alten Bilderrahmen erfordert schon ein gewisses handwerkliches Geschick. Die Kinder sollten in der Lage sein, mit Hammer und Nägeln umzugehen. Bei dieser Bauweise wird die Auge-Hand-Koordination der Kinder in besonderem Maße gefördert.

Garn aus T-Shirts

Material: 1 altes T-Shirt, 1 Schere

①

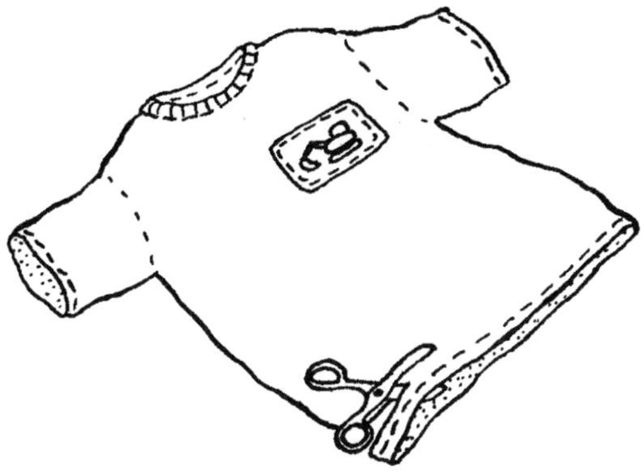

Zu Beginn musst du den festen Rand vom T-Shirt mit einer Schere abschneiden.

②

Falls das T-Shirt mit Taschen, Stickern oder Ähnlichem verziert ist, trenne sie ab.

③

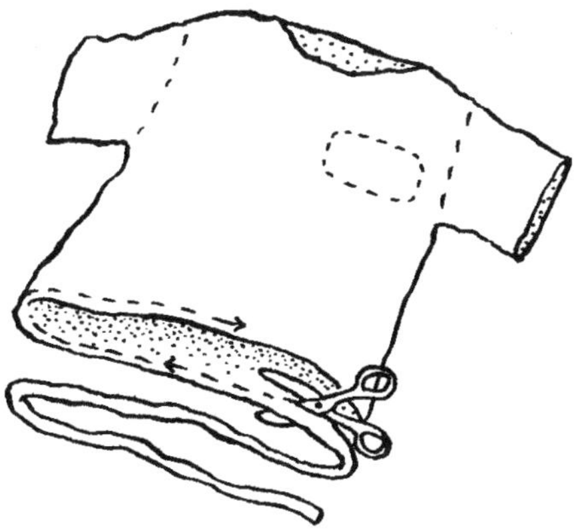

Am unteren Rand des T-Shirts beginnst du, im Kreis ein langes Band zu schneiden.

④

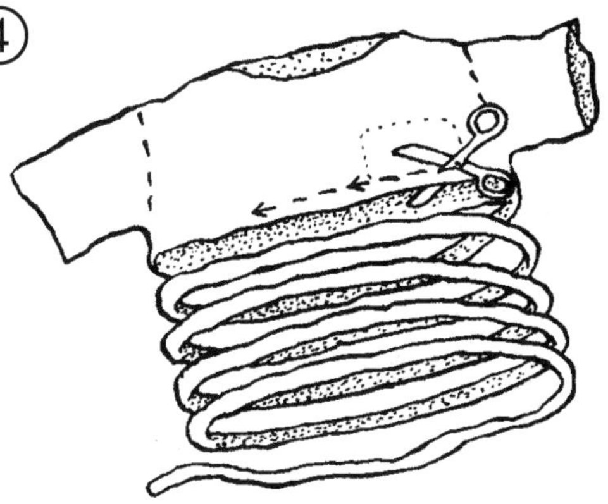

Dein endloses Band endet oben am Ärmel. Schneide das Band am Ende ab.

⑤

Das Band kannst du verändern, indem du es lang ziehst. So entstehen tolle Wellen.

⑥

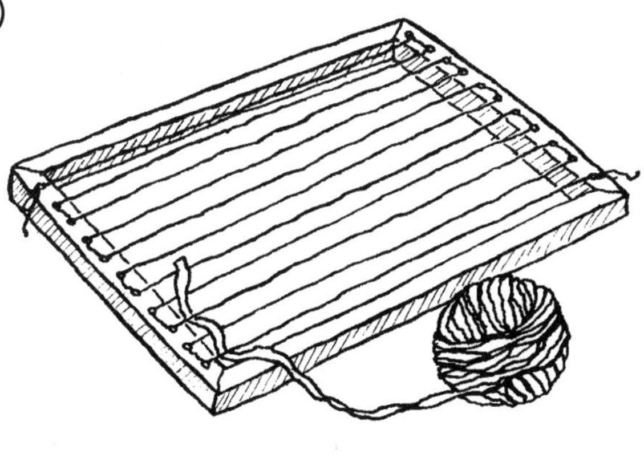

Rolle das Band auf. Nun kannst du es zum Weben benutzen. Viel Spaß!

1.4 „Bewebtes Leben" – Kunstvolles Weben mit Alltagsgegenständen

Material

Klassenplakat mit Prinzipien (Symbolkarten), Materialboxen mit textilem Material, Scheren, Nägel, Hammer, Draht, Maschendraht, Kordel, eventuell Heißklebepistole, gesammelte und mitgebrachte Gegenstände
Für die Ausstellung: Fotokarton, Fotos, Ausstellungswand, Stifte, Klebeband, Heftzwecken, Material aus der Reihe

Ziel der Stunde

Im nun folgenden Teil der Unterrichtsreihe sollen die Kinder die bereits erlernte Technik Weben nutzen, um im kreativen und fantasievollen Umgang mit der Technik gewebte Kunstwerke zu fertigen. Dabei sollen die erlernten Prinzipien angewendet und im Sinne eines künstlerischen Prozesses effektvoll verändert werden. Webrahmen werden hierbei gesucht und gefunden, indem die Kinder in ihrer Lebenswelt die Augen offenhalten und in ihrer Denkweise neue Wege gehen.

Begründung des Themas und Intention

Kunst verändert Leben. Webkunst „bewebt" Leben. Im letzten Teil der Webreihe wird den Kindern eine Möglichkeit geboten, ihre erworbenen Fähigkeiten weiter auszubauen. Dabei dürfen die erlernten Prinzipien nun kreativ verändert werden, um kunstvolle Effekte zu erzielen. Leben verändern heißt Alltägliches verändern. Dies wurde den Kindern bereits beim Beweben eines Treppengeländers deutlich. Nun sollen sie angeregt werden, im täglichen Umfeld selbst Gegenstände zu finden, die für das Weben ein Grundgerüst, einen Webrahmen, bilden können. Den Kindern ist hierbei keine Grenze gesetzt. Gesucht wird in der Schule und zu Hause. Genutzt wird, was gefällt und geeignet ist. (Aber um Erlaubnis fragen nicht vergessen!)
Den Kindern bereitet es großes Vergnügen, auf Entdeckungsreise zu gehen. Im Blick die Veränderung, die Technik im Hinterkopf. So wird die Unterrichtsreihe lebendig, ruft nach mehr ...
Oft ist überraschend, was den Kindern alles einfällt. Bald werden alte Stühle, Eierschneider, alte Gitarren, Tennisschläger, alte Fahrradfelgen und Küchensiebe die Klasse besiedeln. Auch Alltagsgegenstände, die nicht „von Natur aus" eine eigene Kette besitzen, können genutzt werden. So werden z. B. zwei Kleiderbügel, mit Draht verbunden, zum Kunstobjekt.
Keine Angst: Die Klasse bereitet keinen Trödelmarkt vor. Sie wird vielmehr zur kreativen Werkstatt. Die Kinder sind nur startklar für ein „bewebtes Leben"

Tipp: Bei so viel Sammelleidenschaft wird viel Platz benötigt, der im Schulalltag oft nicht vorhanden ist. Wie wäre es deshalb mit einer Kreativwoche, bei der das Weben im Vordergrund steht? So können die Kinder in aller Ruhe und mit viel Bewegungsfreiraum für den künstlerischen Prozess in einer anregenden Werkstattatmosphäre arbeiten.

Aufbau der Stunde

Einstiegsphase

Die Kinder haben nach Fertigstellung der Webteppiche den Auftrag bekommen, nach Alltagsgegenständen zu suchen, die sie mithilfe des Webens, ähnlich wie beim Treppengeländer, verändern können. Sie werden ermutigt, auch zu Hause zu schauen und einige Gegenstände mitzubringen. Der eine oder andere Gegenstand wurde vielleicht auch gefunden, ohne dass er mit in die Schule gebracht werden durfte. (Welcher Vater baut schon gern das Vorderrad seines Rennrades aus?) Trotzdem wird sich einiges angesammelt haben auf der Suche nach geeigneten „Webrahmen“. Alle Ideen werden mit den Kindern gesammelt, vielleicht gibt es noch andere Haushalte, die die eine oder andere, noch nicht realisierte Idee entbehren können.

Nicht vergessen! Geben Sie den Kindern rechtzeitig einen Brief mit Ihrer geplanten Unterrichtsreihe mit nach Hause. Dies könnte verhindern, dass Missverständnisse aufkommen. Machen Sie darauf aufmerksam, dass mit den Gegenständen gearbeitet werden soll. Es könnte also sein, dass sie nicht mehr im ursprünglichen Zustand nach Hause kommen.

Erarbeitungsphase

Jedes Kind darf sich von den gesammelten Gegenständen einen aussuchen. Schon hier beginnt der künstlerische Prozess. Wie stelle ich mir den Gegenstand „bewebt“ vor? An welchem Gegenstand kann ich mich am besten verwirklichen? Oder bleibt alles Zufall, weil ich meine Wahl dem Schicksal überlasse? Die Kinder werden einen großen Unterschied in der Herangehensweise zeigen, der ihnen in dieser Phase durchaus bewusst gemacht werden sollte. Eine Bewertung der unterschiedlichen Herangehensweisen sollte jedoch nicht erfolgen.

Durchführungsphase

In den weiteren Stunden geht es darum, dass die Kinder ihren gewählten Gegenstand mithilfe der Technik Weben verändern. Eine breite Palette an Materialien steht nun zur Verfügung. Es gibt Gegenstände, die sofort bewebt werden können. Andere müssen noch mit einem Kettfadensystem ausgestattet werden. Die Kinder sollen am besten arbeiten, wie es ihnen gefällt. Einige arbeiten gern allein und zurückgezogen. Andere arbeiten lieber mit einem Partner, um sich gegenseitig zu unterstützen und zu beflügeln. Die Kinder sollten auch immer wieder „über den Tellerrand schauen“: Wie arbeiten die anderen? Welche Ideen haben sie? Verändert sich schon etwas?

Machen Sie die Kinder zu Experten. Wie wäre es mit kleinen Workshops für Mitschüler und ihre Lehrer?

Auswertungsphase

Den gebührenden Abschluss der Reihe bildet eine Projektausstellung. Nachdem die unterschiedlichen Webkunstwerke von den einzelnen Kindern vorgestellt und den Mitschülern präsentiert wurden, werden nun alle Ergebnisse der Reihe zusammengetragen. Kunstwerke werden beschriftet, Plakate geschrieben, Fotocollagen erstellt.
Die Kinder bereiten ihre eigene kleine Ausstellung vor, die entweder in der Klasse oder im Forum der Schule stattfindet. Die Kinder können zu bestimmten Zeiten den anderen Klassen zur Verfügung stehen, um durch die Ausstellung zu führen.

Möglichkeiten zur Weiterarbeit

Das Weben bietet noch zahlreiche weitere Möglichkeiten, z.B. das Weben mit Naturmaterialien. Dies stellt einen besonders schönen Kontrast zwischen Natur und textiler Technik dar. Hierbei gibt es zahlreiche Möglichkeiten der Umsetzung. Ein Naturgegenstand als Webrahmen (Ast, morscher Baumstumpf), der mit textilem Material bewebt wird, oder ein Gewebe, das ganz aus Materialien der Natur hergestellt wird.
Eine weitere Möglichkeit ist die Arbeit an einem Klassenprojekt. Es lässt sich z.B. mit den Schülern an einem Paravent für die Klasse weben, der unterschiedliche Aufgaben erfüllen kann. Die Kinder können ihn als Sichtschutz, Ruheecke oder Lernparavent nutzen. Auch ein Spielhaus zu weben, ist eine interessante Idee.

2 BaumZeit

Thema und Intention

Der Schwerpunkt dieser Reihe liegt im Bereich des „Plastischen Gestaltens“. Für Kinder bieten Bäume nicht nur herrliche Spielmöglichkeiten, Raum für sinnliches Erleben und Genießen, sondern auch Gelegenheit für prägende Erfahrungen, Naturphänomene ästhetisch zu erforschen. Es wird der Versuch unternommen, an die spielerischen und ästhetischen Aktivitäten, die das Handeln von jüngeren Kindern ausmachen, anzuknüpfen. Durch ungewohnte Materialerkundungen und intensive Naturerlebnisse werden alle Sinne angesprochen, das Bewusstsein für die eigene Umwelt gesteigert und die Selbstständigkeit beim Finden ästhetischer Umsetzungsmöglichkeiten gefördert. Aus eigener Kraft etwas schaffen und Realität neu konstruieren – in Aktion oder als Objekt – sind wesentliche Erfahrungen neben dem kompetenten Umgang mit Techniken und Werkzeugen. Es geht um das Aufgreifen von natürlich Vorgefundenem, um die sensibilisierte Wahrnehmung von individuellen Details und veränderlichen stofflichen Qualitäten der dreidimensionalen Naturobjekte, die mögliche eigenständige, kreative Verarbeitung und eine erweiterte Raumerfahrung. Die unbefangene Auseinandersetzung mit dem ästhetischen Werk zeitgenössischer Künstler, die sich mit Bäumen in sehr spezifischer Weise beschäftigen, soll zu kindgemäßen Transferleistungen veranlassen.

Das reizvolle Material selbst fordert heraus zum Suchen, Sammeln, Sortieren, Untersuchen, Experimentieren, Umdeuten, Kombinieren – alles wichtige Tätigkeiten der ästhetischen Praxis.

Informationen zur Unterrichtsreihe

Ziel der Reihe

Die Kinder erfahren über alle Sinne spielerisch das Naturphänomen Baum und setzen sich produktiv-rezeptiv mit verschiedenen zeitgenössischen Kunstwerken aus Holz auseinander. Sie werden dadurch zu eigenen ästhetischen Prozessen angeregt, erweitern dabei ihre Wahrnehmung bezüglich Farbe, Form, Struktur, erproben technische und künstlerische Fertigkeiten und erhalten einen kindgemäßen Zugang zu Möglichkeiten der Verfremdung, der Sammlung, Präsentation und Installation von Kunstwerken.

Aufbau der Reihe

- **Wald-Spiel-Raum** – Bäume, Stämme, Äste mit allen Sinnen erfahren und den Werkstoff Holz spielerisch entdecken (2 Doppelstunden)
- **NaturStücke – KunstStücke** – Kunstwerke von Ulrich Möckel als Anregung für die Gestaltung eigener Wandstücke, Säulen und Sammlungen nutzen (2 Doppelstunden)
- **Bäume für Räume –** Holzskulpturen von Stephan Balkenhol kennenlernen und eine eigene Installation mit Holzelementen und Alltagsgegenständen erstellen (2 Doppelstunden, ohne Installation)

2.1 Wald-Spiel-Raum – Bäume, Stämme, Äste mit allen Sinnen erfahren und den Werkstoff Holz spielerisch entdecken

Material

Laminierte Stationskarten (s. S. 38 ff.), Papier (Stoff), Kohle, (Wachs-, Öl-, Tafel-)Kreiden, (Grafit-)Stifte, Lupe, Notizzettel, Klemmbretter/Pappen, Sammelmappe, Kreppklebeband, Spielfigürchen, Ton, Zauberschnur/Bänder, Schnüre oder Seile, Tücher, Maßband, Rahmen (Papp- oder Bilderrahmen), Kamera, Plastiktüten oder Stofftaschen für den Transport von Fundstücken, Packliste und Verhaltensregeln (s. S. 37)

Ziel der Stunde

Die Kinder sollen während eines Ausflugs (Unterrichtsgang) in ein Waldstück Bäume und Baumelemente multisensorisch erfassen, ihre Primärerfahrungen durch kreative, spielerische Aktionen erweitern und dabei ästhetische Verfahren erproben.

Begründung des Themas und Intention

Täglich begegnet den Kindern der Werkstoff Holz in unterschiedlichster Ausprägung, häufig als Gebrauchsgegenstand in bearbeiteter Form und mit geglätteter Oberfläche. Bäume sind in der Umwelt und im Alltag von Kindern allgegenwärtig und in der Regel überall sichtbar: auf dem Schulgelände, im Park oder am Straßenrand. Sie werden aber in ihrer ganz spezifischen ästhetischen Beschaffenheit oder gar als künstlerisches Medium in der Regel nicht bewusst wahrgenommen. Oft gibt es in der zunehmend künstlichen Lebenswirklichkeit von Kindern auch kaum noch natürliche Spielräume. Der Wald (ein Park oder Schlossgarten mit alten, exotischen tropischen Gehölzen) ist ein idealer Ort unerschöpflicher Wahrnehmungsmöglichkeiten: konkret und direkt, unverstellt und nicht aus zweiter Hand über Medien vermittelt, was auch für viele Grundschulkinder heute nicht mehr selbstverständlich ist. Der Waldboden ist eine wahre Fundgrube für Äste, Zweige und Rindenreste, die als lebendiges warmes Spiel- und Werkmaterial verwendet werden können. Deshalb ist eine Veränderung des Lernortes reiz- und „sinn"-voll, sehr motivierend und inspirierend, auch um Details unmittelbar vor Ort wahrzunehmen, direkt zu gestalten und ganzheitliche sinnliche Erfahrungen zu machen. Diese setzen gedankliche Prozesse in Gang und fördern gleichzeitig das Verständnis für die Arbeitsweisen von Künstlerinnen und Künstlern. Die kindgemäße Auseinandersetzung mit dem ästhetischen Potenzial von Naturerscheinungen und den künstlerischen Verfahren der Naturforschung werden so angebahnt.
Die Beziehung zwischen Kind und Baum ist affektiv besetzt. Das direkte Sich-Bewegen im Wald ist eine kindgemäße und direkte Möglichkeit der konkreten Aneignung bzw. Verknüpfung von Naturerfahrung und Kunst. Deshalb ist es günstig, sich dafür ausreichend Zeit und Raum zu nehmen. Ein Ziel ist es, den Baum unmittelbar mit möglichst vielen Sinnen als Ganzes zu erfassen. In erster Linie wird hautnah mit den Naturmaterialien gearbeitet. Die Eingriffe in das System Wald geschehen behutsam und gut vorbereitet. Die ganz persönliche und selbst gesteuerte Auseinandersetzung im eigenen Tempo ist sozusagen die Vorarbeit, um ästhetische Erfahrungen und Entdeckungen zu initiieren durch neues und bewusstes Wahrnehmen der Farben, Gestaltungen, Materialeigenschaften und das Entdecken von ästhetischen Details, Mustern, Strukturen, Formen, durch das veränderte Erleben von Raum und Zeit. Direkt und ohne Abbilder werden Zugänge zur zeitgenössischen Kunst eröffnet.
Eigene sinnliche Wahrnehmung und kreative Ausdrucksfähigkeit hängen eng zusammen. In der beson-

deren Atmosphäre (Imagination, Fantasie, Freiheit) des Waldes können die Kinder wertvolle Erfahrungen sammeln, die den weiteren gestalterischen Prozess fördern und vorbereiten. Neben den ganz elementaren Möglichkeiten, zu klettern, zu sammeln, sich zu verstecken, zu suchen, zu bauen, werden ihre Sinne auf Geräusche (Rauschen, Knacken, Rascheln, Raunen, etc.) gelenkt und bisher nicht bekannte oder gewagte Eingriffsmöglichkeiten im sozialen Austausch ausprobiert – für schüchterne Kinder im Schutz der Gruppe. Im Spiel und in der produktiven ästhetischen Erfahrung erobert das Kind seine Umwelt und erweitert seine Wirklichkeitsvorstellungen. Fächerübergreifende Vernetzungen im Rahmen eines Projektes bieten sich an.

Aufbau der Stunde

Einstiegsphase

Schon einige Zeit vor dem Ausflug in ein Waldgebiet erfahren die Kinder, dass im Kunstunterricht in der nächsten Zeit etwas mit richtigem Holz gemacht werden soll, das besorgt werden muss. Den Kindern wird berichtet, dass es viele Künstler gibt, die mit oder aus Bäumen etwas herstellen. Und so wie diese Menschen sich auf die direkte Suche begeben, die Natur im Wald auf sich wirken lassen und dabei Ideen für Kunstwerke finden, so können auch die Kinder vorgehen. Diese Informationen motivieren zu ersten Vorschlägen, erzeugen Neugier und Spannung. Einige Kinder werden spontan von eigenen Walderlebnissen berichten und vorschlagen, wohin man gehen könnte.

Es ist empfehlenswert, sich vorher ein geeignetes Waldstück auszusuchen und zu erkunden, wen man ggf. informieren (Förster) oder um Erlaubnis bitten muss. Auch dieses Vorgehen wird mit der Klasse besprochen, weil die Kinder so erfahren, dass es sich häufig um Naturschutzgebiete oder alte Parks mit exotischem Baumbestand handelt, wo nicht einfach alles

gemacht oder etwas mitgenommen werden darf. Es ist auch denkbar, einen Waldexperten vorher in die Schule einzuladen oder die Begleitung eines Försters am Aktionstag zu arrangieren, der die Kinder über das Verhalten im Wald informiert.

Auf jeden Fall ist eine genaue Regelabsprache wichtig und die Begleitung durch andere Erwachsene bzw. Eltern sinnvoll (Aufsicht, Transport der Utensilien, Dokumentation, Hilfestellung bei der Umsetzung oder dem Lesen der Kärtchen). Kurz vorher erhalten alle Kinder eine Liste mit den Dingen, die für den Waldausflug mitgebracht werden sollen: Proviant, Abfallbeutel, Tasche für die gesammelten Objekte, Stifte, Papier, Kamera, Sitzunterlage je nach Jahreszeit und gute Laune (s. S. 37).

Erarbeitungsphase

Die Kinder erhalten zunächst Gelegenheit, auf eigene Faust ausgiebig das Waldgebiet zu erkunden, um ihren Spiel-, Forscher- und Bewegungsdrang auszuleben. Nach einer vorher abgesprochenen Zeit versammeln sie sich an einem vereinbarten Ort. Jetzt sind die Kinder in der Lage, ruhig zu werden und sich auf eine kleine Stilleübung einzulassen. Sie machen es sich an einer Lieblingsstelle bequem, schließen die Augen, um ganz konzentriert eine Weile den Geräuschen im Wald zu lauschen. Anschließend berichten sie von ihren Wahrnehmungen, die auch Gerüche oder individuelle Gefühle mit einschließen.

Nun werden nach und nach die mitgebrachten Utensilien gezeigt und parallel die verschiedenen Erkundungsangebote vorgestellt. Diese befinden sich auf laminierten Stationskarten mit Illustrationen für die noch nicht so sicheren Leser (s. S. 38 ff.) und werden an einer zentralen Stelle ausgelegt. Die Kinder erhalten direkt Gelegenheit zum Nachfragen oder können spontan eigene Vorschläge einbringen. Sie finden sich anschließend möglichst selbstständig zu kleinen Arbeitsgruppen zusammen, nachdem vorher noch einmal an die Regeln zum Verhalten im Wald und während der Zusammenarbeit erinnert wird. Allen Kindern ist auch klar, dass die möglicherweise behutsam vorgenommenen Veränderungen und Eingriffe nur temporär sind. Sie können aber fotografiert und somit festgehalten werden, sodass nichts verloren geht.

Durchführungsphase

Die Erwachsenen sind in dieser Phase zwar präsent, halten sich aber möglichst zurück, sind also eher stille Beobachter oder Impulsgeber. Auch den Ablauf, die Organisation der einzelnen Stationen, die dazu erforderlichen Absprachen bezüglich der Materialien und auch ihre Pausen bestimmen die Kinder weitgehend in Eigenregie. Falls es Konflikte oder technische Probleme gibt oder die Kinder Fragen haben, können sie sich jederzeit aktiv an die Erwachsenen wenden. Es geht nicht darum, alles schnell auszuprobieren oder buchstabengetreu umzusetzen, sondern den Kindern genug Zeit zu geben, in Ruhe etwas zu probieren und auch neue Ideen zu entwickeln. Die kreativen Entdeckungen, Ergebnisse oder auch Zwischenschritte werden mithilfe der Erwachsenen per Kamera dokumentiert. Um Frustrationen zu vermeiden, werden die Kinder rechtzeitig vorher auf das Ende dieser Phase hingewiesen. So können sie ihren begonnenen Arbeitsschritt zu Ende führen und überlegen, welche individuellen Erfahrungen sie den anderen mitteilen möchten.

Auswertungsphase

Je nach Arbeitsprozess können die einzelnen Gruppen zu einem „Rundgang“ einladen und die einzelnen Stationen erläutern oder jede Kleingruppe berichtet nacheinander, wenn gleiche Angebote aufgegriffen wurden. Die Kinder erzählen dabei von ihren Erfahrungen, eventuell auch von technischen Problemen und dem, was am meisten Spaß gemacht hat. Sie werden zum Nachfragen sowie zu konstruktiver Kritik ermutigt. Die Kinder sollten auch für ihre gute Zusammenarbeit und die entstandenen Ergebnisse gelobt werden.

Gemeinsam wird „aufgeräumt“. Die Lehrerin weist darauf hin, dass jedes Kind noch interessant erscheinendes Material für die nächsten Kunststunden einsammelt, wie z. B. einige größere Astgabeln, mehrere kleine Astgabeln, einige Rindenstücke und Stöcke – „Baumabfall“, wie ein Kind es treffend beschrieb, die in einer Tasche zur Schule transportiert werden. Die Naturfundstücke werden an einem vorher bestimmten, mit Zeitungspapier ausgelegten Ort in der Schule gesammelt, ggf. zum Trocknen ausgebreitet oder mit Namensschildchen versehen.

Das brauchst du für den Ausflug in den Wald am ____________________ !

Schreibe auf oder zeichne.

1. ______________________ 2. ______________________

3. ______________________ 4. ______________________

5. ______________________ 6. ______________________

7. ______________________ 8. ______________________

Achtung – ganz wichtig!

Das müssen alle beachten, wenn wir in den Wald gehen.

1. Ich muss bei meiner Gruppe bleiben.
2. Ich achte auf die Pflanzen und zerstöre nichts.
3. Ich werfe keinen Abfall in die Natur.
4. Ich nehme alle Sachen wieder mit zurück.

Station 1

Baumgrenzen

Das braucht ihr:
Schnur oder Seil, Maßband

Das macht ihr:
1. Sucht euch einen Baum aus.
2. Stellt euch darum herum. Könnt ihr ihn umfassen?
3. Legt rund um den Stamm eine Schnur.
4. Messt später aus, wie groß der Umfang eures Baumes ist.

Station 2

Baumspuren

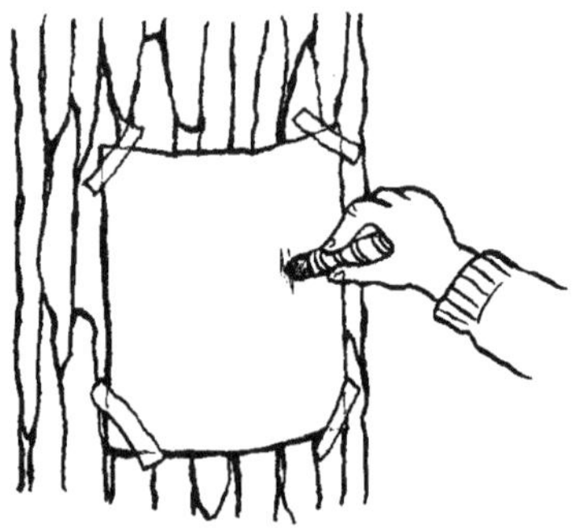

Das braucht ihr:
Papier, Kreppklebeband, Ölkreiden

Das macht ihr:
1. Legt das Blatt auf die Baumrinde.
2. Heftet es vorsichtig fest mit Klebestreifen.
3. Reibt mit Kreide kräftig über das Papier.
4. Verwahrt eure Abdrücke in einer Sammelmappe.

Tipp:
Probiert es auch mit einem Stück Musselin-Stoff aus oder mit Druckfarbe und einer Walze.

Station 3

Rindenfotos

Das braucht ihr:
Rahmen, Kamera, Kreppklebeband

Das macht ihr:
1. Schaut euch die Rinde von verschiedenen Bäumen an.
2. Achtet auf besondere Farben, Spuren, den Belag, die Rindenmusterung.
3. Nehmt den Bilderrahmen. Sucht euch eine interessante Stelle.
4. Heftet den Rahmen mit dem Klebeband vorsichtig fest.
5. Fotografiert euren Lieblingsausschnitt.

Station 4

Baumgeister

Das braucht ihr:
Rahmen, Kohle- oder Tafelkreide, Kreppklebeband, Kamera

Das macht ihr:
1. Schaut euch im Waldstück einzelne Bäume genau an.
2. Ihr entdeckt sicher Augen, Gesichter, Köpfe.
3. Zeigt sie den anderen. Der Rahmen hilft dabei.
4. Markiert vorsichtig die Augen mit Kohle oder Kreppklebeband.
5. Macht Fotos davon.

Station 5

Baumgesichter

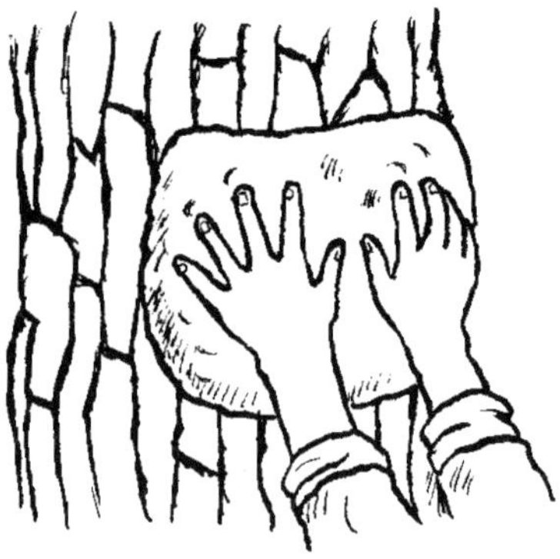

Das braucht ihr:
ein Stück Ton, Kamera

Das macht ihr:
1. Sucht euch einen Baum aus.
2. Knetet aus dem Ton eine flache Platte.
3. Drückt sie auf die Baumrinde.
4. Macht daraus ein Gesicht.
5. Macht ein Foto davon.

Tipp: Ihr könnt auch eine Hand, ein Ohr oder … formen.

Station 6

Waldbodenmuster

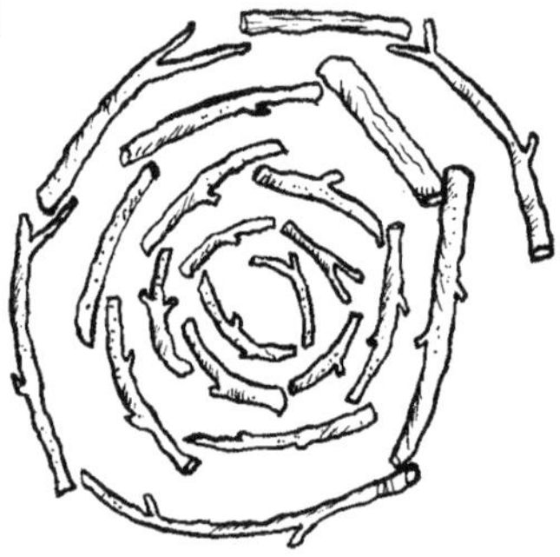

Das braucht ihr:
viele große und kleine Stöcke, Kamera

Das macht ihr:
1. Sammelt einige Stöcke vom Boden, die herumliegen.
2. Legt sie an einem Platz ab.
3. Überlegt euch, was für ein Muster ihr damit legen könnt.
   Zick-Zack-Muster, Welle, Spirale, Kreis oder ...
4. Ihr könnt eure Idee mit einem Stock vorzeichnen.
5. Fotografiert euer Muster.

Station 7

Waldführung

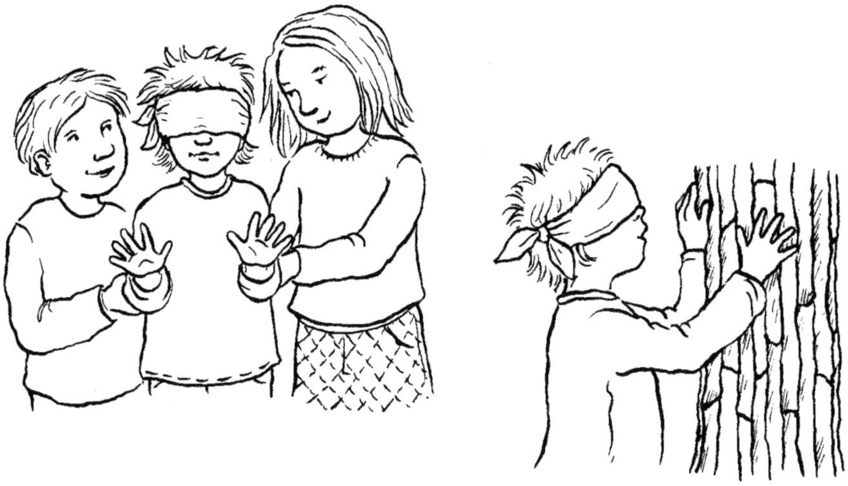

Das braucht ihr:
Tuch

Das macht ihr:
1. Verbindet einem Kind von euch die Augen.
2. Führt es nacheinander zu zwei verschiedenen Bäumen.
3. Lasst es die Rinde fühlen und schnuppern.
4. Führt es dann etwas herum und dann zum Platz zurück.
5. Kann es raten, welche beiden Bäume es waren?

Probiert es alle nacheinander aus!

Station 8

Waldbaustelle

Das braucht ihr:
Zauberschnur, Wolle, Flatterband

Das macht ihr:
1. Sucht euch ein kleines Waldstück aus.
2. Grenzt es mit euren Schnüren ab.
3. Ihr könnt darüberspringen oder durchkriechen.
4. Macht ein Foto von eurem Gebilde.

Tipp: Ladet die anderen Kinder zu einem Besuch in eurem Waldnetz ein.

Station 9

Baumschmuck

Das braucht ihr:
bunte Stoffbänder, Krepppapierbänder, Kamera

Das macht ihr:
1. Sucht euch einen Baum aus.
2. Umwickelt den Stamm mit den Bändern.
3. Fotografiert dann den Baum.
4. Findet ihr auch einen passenden Namen dafür?

Station 10

Play-Station im Wald

Das braucht ihr:
Spielfiguren (Lego, Playmobil, Inhalte von Überraschungseiern)

Das macht ihr:
1. Sucht euch an einem Baum eine Stelle, wo ihr eure Figuren aufbauen könnt.
2. Probiert verschiedene Möglichkeiten aus.
3. Einigt euch auf eine Lösung.
4. Fotografiert euer Ergebnis.

Tipp: Ihr könnt auch Naturmaterial (herumliegende Ästchen, Blätter, Früchte) für eure Gestaltung mit verwenden.

2.2 NaturStücke – KunstStücke – Kunstwerke von Ulrich Möckel als Anregung für die Gestaltung eigener Wandstücke, Säulen und Sammlungen nutzen

Material

Arbeitsblatt zu Ulrich Möckel (s. S. 47), Kunstwerke von Ulrich Möckel als Farbkopie oder auf Folie (s. S. 52 f.), Stationskarten 1–4 (s. S. 48 ff.), Baumrinde, Stöcke, kleine Äste, entrindete halbrunde Holzstücke, verschiedene Astgabeln, Farbe (grau), Pinsel, Reste von glatten Materiatien (Kachel, Marmor, Blech, Folie, Lackpapier...), (Holz-)Leim, Öl-Pastellkreiden (Blautöne), Schuhkartondeckel, leere Plastikboxen (z. B. von Pralinen), Sprühlack, Ton oder Knete oder Gefäß mit Sand, Heftzwecken/kleine Nägel mit Messingkopf, Feile, Raspel, Schmirgelpapier, Messerchen, Puksäge, evtl. Gehrungslade als Führung und Schraubzwingen, Zeitungspapier oder dickere Folie zum Abdecken der Tische, Kamera, Malkittel, evtl. Ausstellungs-Kataloge.

Ziel der Stunde

Angeregt durch vier verschiedene Arbeiten des Künstlers Ulrich Möckel sollen die Kinder ihre selbst gesammelten Holzfundstücke in neue ästhetische Zusammenhänge bringen. Sie erproben dabei farbliche Wirkungen (Wandstücke) und Eingriffe mit Werkzeugen (Säulen), die Umdeutung von Formen (Astgabel – Geweihe) und räumliche Veränderungen sowie die Gegensätzlichkeiten haptisch erfahrbarer Materialien (Tastreliefs – Fühlkästen).

Begründung des Themas und Intention

Die sich in den Werken von Ulrich Möckel spiegelnden Intentionen und seine besondere Weise, das Phänomen Baum ästhetisch zu erforschen, sollen die Wahrnehmung der Kinder für Natur in der Kunst schärfen. Die Kinder sollen angeregt werden zur eigenen Gestaltung mit Baumfragmenten (Zweige und Äste als Bäume im kleinen Format) und ihre ästhetische Praxis – orientiert an den ausgesuchten Objekten – erweitern. Spielerisch erfahren und erproben die Kinder die Ausdrucks- und Wandlungsfähigkeit von Naturformen und den künstlerischen Umgang mit dem Werkstoff Holz in der Einheit von Natur und Umwelt. Durch Anritzen und Einfärben beispielsweise verändert sich die Oberfläche, die Form tritt in den Vordergrund. Im Mittelpunkt stehen das Material, dessen organische Lebendigkeit sowie ästhetische Qualitäten und nicht so sehr ein figuratives Ergebnis im Sinne eines „brauchbaren" gebastelten Produktes.
Das Alter der Kinder, die räumlichen und organisatorischen Rahmenbedingungen sowie die feinmotorischen und technischen Fertigkeiten spielen bei der Auswahl eine Rolle. Abhängig auch von der Größe der Gruppe sollte eine weitere Person (Hausmeister, Lehramtsanwärter, Eltern), insbesondere bei dem Gebrauch der Werkzeuge, unterstützend einbezogen werden. Schmirgelpapier, Puksäge, Hand-, Drill- oder Akkubohrer, Gehrungslade und Schraubzwinge sind einfach zu beschaffende Werkzeuge zur Holzbearbeitung, die auch von jüngeren Kindern nach entsprechender Unterweisung in der Regel problemlos eingesetzt werden können. Der Rohstoff Holz kann durch mechanische Bearbeitung oder auch durch Auftragen von Kreide, Farbe, Beize, Lack, Wachs oberflächenbehandelt werden. Dabei ist auf ausreichende Lüftung und die Verwendung von lösungsmittelfreien Substanzen zu achten.
Ausgangspunkt sind die zuvor gesammelten Fundstücke vom Waldboden, die sicher auch so schon sehr

reizvoll sind. Die von den Kindern subjektiv ausgewählten Dinge werden in einen anderen Zusammenhang gebracht, spannungsreich und ungewöhnlich kombiniert, farblich verfremdet oder mit besonderen Werkzeugen bearbeitet. Jedes Stück ist ein farbiges und strukturelles Unikat. Die Grenze zwischen Vertrautem, Alltäglichem und Überraschendem sowie Ungewohntem wird durch die verschiedenen Eingriffe der Kinder immer wieder experimentell und kreativ überschritten. Material und Kunstvorbilder geben dabei Impulse und Orientierung. Insgesamt ist die Aufgabenstellung so offen, dass alle Kinder zu einem sie zufriedenstellenden Ergebnis kommen oder eigene Entdeckungen machen können. Dabei entstehen auch intensive Möglichkeiten zum gegenseitigen Austausch und zur Hilfestellung, für „Fach"-Gespräche und zu Gemeinschaftsproduktionen, die wiederum anderen Kindern oder Schulmitgliedern in einer Sammlung oder Ausstellung präsentiert werden können. Es ist durchaus möglich, im Sinne eines arbeitsgleichen Vorgehens zu jedem Werk eine eigene Doppelstunde zu planen.

Zum Künstler und zum Kunstwerk

Ulrich Möckel wurde 1949 in Hemer geboren. Nach einem Studium der Sozialwissenschaften und später an der Kunstakademie Düsseldorf, Abteilung Münster (Meisterschüler von Udo Scheel) war er von 1978–82 als Kunstpädagoge tätig und arbeitet seit 1978 freischaffend. Er wurde mit zahlreichen Preisen ausgezeichnet, gestaltete regelmäßig Einzelausstellungen oder nahm an Gruppenausstellungen teil. Seine Werke sind auch im öffentlichen Raum ausgestellt, so z. B. in der Stadt Beckum oder im Skulpturenpark in Gelsenkirchen. Wichtigster Aspekt in der Arbeit von Ulrich Möckel ist die Auseinandersetzung mit der Natur.
Als Bewohner des Huxdiekwaldes in der Nähe von Beckum hat er direkten Kontakt zum Material, und zwar in allen Stadien. In seinen Werken werden die natürlichen Wachstumsformen und Oberflächenstrukturen sowie Veränderungen des Holzes durch äußere Einflüsse ebenso sichtbar wie die Veränderungen des Materials durch mehr oder weniger starke Eingriffe der Bearbeitung durch Brechen, Sägen, Einfärben, Brennen. Bewusst verwendet Ulrich Möckel verschiedene Hölzer wie Pappel, Esche, Buche, Eiche, Kirsche, Linde für die unterschiedliche Verwendung und Bearbeitung (Farbe, Sprödigkeit) und um verschiedene Aussagen damit zu erreichen. Aber nicht die spezifische Holzsorte ist ihm wichtig, sondern die organische Struktur, die Wachstumszeichen, Risse, Astlöcher, Einkerbungen. Als Transformator verändert er die Oberfläche und damit die visuelle Materialität. Seine Objekte reizen zum Anfassen, Ertasten, Erspüren. Das natürliche Material ermöglicht den direkten Zugang zum Kunstwerk, das neben sehr monumentalen und massiven auch fragile Arbeiten umfasst.
Die vier folgenden Herangehensweisen dienen dabei als Beispiele für sein umfangreiches Repertoire, das er immer wieder kontrastreich weiterentwickelt hat.

Schaukästen

Ulrich Möckel regen die besonderen Formen kleiner Holzelemente, wie z. B. der Korkenzieherweide, an zu einem Arrangement von kleinen Geweihen, Trophäen oder schwirrenden Insekten ähnelnd, die er in schmalen Schaukästen aus Glas oder Beton präsentiert (s. S. 52: Kleine Sammlung, 1994 Korkenzieherweide, Beton, Glas 44 x 46 x 14 cm).

Stelen/Säulen – Installationen

Für seine aktuellen Skulpturen und Installationen verwendet er nicht nur Holz oder Metall, sondern kombiniert darüber hinaus variantenreich neue Materialien, wie Beton- und Neonröhren, um auf lebendige Baumkonturen zu verweisen. Faszinierend in der direkten Begegnung im Raum sind auch eine imposante Bodenplastik mit 144 Pyramiden, die auf Metallstäben schweben, oder eiförmige schwergewichtige Holzobjekte, wie ausgeschüttete Ansammlungen von Rieseneiern, oder schwarz gebrannte Elemente und meterhohe Säulen, wie Bäume, Verbindungen zwischen Himmel und Erde, die für besondere Orte oder Räume bestimmt sind. Diese wurden nicht aus weißem Stein gemeißelt, sondern aus entrindeten Baumstämmen als endlose Säule mit der Kettensäge bearbeitet, teilweise geschwärzt und so zur Skulptur transformiert. Durch die Bearbeitung der Rinde mit den Werkzeugen – wobei Licht- und Schattenwirkungen, Hell-Dunkel-Kontraste entstehen – und durch die vertikale räumliche Ausrichtung wird ein Ast zum plastischen Objekt (s. S. 52: Säule für Neubeckum, 2000, Bronze nach Ulmenstamm, ca. 380 x 73 x 65 cm).

Wandstücke

Für seine ästhetisch äußerst reizvollen Wandstücke verwendet Ulrich Möckel entrindetes Holz, das aus der Rundung eines Holzstammes gesägt wurde und wobei das Kernholz entfernt wurde. Die natürliche schwingende Bewegung, denn die Ansätze der Verzweigungen bleiben erhalten, wird so verstärkt oder interpretiert. Die Objekte – in der Regel im Hochformat aufgehängt – wölben sich zur Raumseite hin und sind zu dieser Seite hin geglättet. In verschiedenen Techniken wurden sie bearbeitet: durchlöchert, geritzt, gebrannt, mit Nägeln versehen und auf sehr subtile Art gefärbt. Die in mehreren Schichten aufgetragene Farbe (oft monochromes Blau) erinnert an Himmel oder Meer und steht in absolutem Kontrast zu den natürlichen Holztönen. Künstlerische bzw. künstliche Form ist Ergebnis eines ästhetischen Experiments: die Zusammenführung von Gegensätzen in ein Objekt (s. S. 53: Wandstücke 1995, Stadtgalerie Ahlen).

Tastkästen–Tastreliefs

Ulrich Möckel begann mit Baumabformungen im Telgenbusch (Waldstück zwischen Marl und Herten), die er in Bronze gießen ließ. In seinen dreiteiligen Arbeiten stellt er den Bronzeabguss einer Baumrindenoberfläche zwischen zwei quadratische, hochglänzend polierte, mit Autolack farbig gesprühte Aluminiumplatten. Die reliefartige Rindenstruktur ähnelt einer vergrößerten Darstellung von Haut mit den individuellen Merkmalen, kleinen Narben, Unregelmäßigkeiten oder symbolischen Zeichen, z. B. wie ein Tattoo. Im spannungsreichen spürbaren Kontrast dazu stehen die farbigen, vordergründig schönen, polierten, makellos glänzenden Flächen, die keinen Kratzer aufweisen. Ohne weitere Interpretation oder Kommentierung der künstlerischen Transformation ist durch die direkte haptische Erfahrung die Spannung erlebbar. Wie viel mehr bietet die natürliche Oberfläche an interessanten Spuren, an Wärme und Abwechslung (s. S. 53: Telgenbusch V, 1999, Bronze, Acrylglas, Autolack, 3-teilig, 47 x 129 x 7 cm).

Aufbau der Stunde

Einstiegsphase

Zur Einstimmung sind zu Beginn der Stunde die inzwischen getrockneten Schätze in mehreren Kisten oder Papiertüten in der Mitte der Klasse platziert. Die Kinder finden es sehr motivierend, wenn sie auf kleinen Teppichmatten rundherum sitzen. Die Sammlung knüpft an das unmittelbar im Wald stattgefundene lustvolle gemeinsame Erlebnis an und animiert zu Überlegungen, wie es nun wohl weitergeht. Drei verschiedene Zuordnungen innerhalb der Sammlung gibt es schon: Stöcke, Rindenstücke, Astgabeln. Diese liegen jeweils beieinander, was den Kindern sofort auffällt. Es erleichtert das anschließende Sortieren (z. B. nach Länge, Größe) und Vergleichen (z. B. nach Oberflächenbeschaffenheit, Farbe) und auch die spätere Materialverteilung. Diese Vorsortierung kann man auch gut mit einer Gruppe von Kindern gemeinsam vornehmen. Zur Einstimmung ist auch eine kleine Tastrunde mit geschlossenen Augen denkbar.
Folgende Beschreibungen beim Ertasten der verschiedenen Oberflächen kamen von den Kindern: hubbelig, rubbelig, schruppig, rau; glatt, poliert; warm, kalt, kühl, cool; bröselig, fest, hart, kantig, eckig.

Erarbeitungsphase

Nachdem die Kinder erste eigene Ideen geäußert haben, sehen sie zunächst ein Foto von Ulrich Möckel (Arbeitsblatt, s. S. 47), das sie betrachten, anschließend beschreiben und erste Vermutungen zu seiner Person anstellen. Sie erfahren, dass dieser Mann ein Künstler ist, früher einmal Lehrer war, dass er gern in den Wald geht, Holzstücke sammelt oder sich sogar ganze Stämme besorgt, die er dann bearbeitet. Es gibt Bücher, in denen seine Kunstwerke abgebildet sind (s. Literaturliste S. 57, Internet), und daraus wurden vier Beispiele ausgewählt. An der Tafel hängen diese als Farbkopie (ggf. auf DIN A4 vergrößern) oder werden mittels Overheadprojektor als Folie den Kindern nacheinander gezeigt (s. S. 52 f.). Wie in einem Museum oder einer Galerie, können die Kinder mit den Matten von Werk zu Werk wandern, um es erst einmal auf sich wirken zu lassen, es dann zu beschreiben und vielleicht

einen Titel zu erfinden. Gemeinsam wird zusammengetragen: was, wie und womit Ulrich Möckel jeweils gearbeitet hat. Gleichzeitig werden zu den einzelnen Werken auch die vorbereiteten Materialien (z. B. Karton, Kachel) und Werkzeuge gezeigt, sodass die Kinder eigene Vorstellungen der Umsetzung entwickeln und direkt demonstrieren können. Der Gebrauch des Akkubohrers, der Säge, des Schnitzmessers sowie die Regeln für die Ausleihe werden genau besprochen. Abhängig von der Größe der Gruppe sollte eine weitere Person (Hausmeister, Lehramtsanwärter, Elternteil) besonders bei dem Gebrauch der Maschinen unterstützend mitwirken. Anschließend ordnen sich alle Kinder einem

Kunstwerk zu, mit dem sie beginnen möchten. Weil sie wissen, dass sie alles demnächst ausprobieren dürfen, wird die Entscheidung und Gruppenbildung erleichtert. Bevor die Arbeit an Gruppentischen beginnt, wird eine Zeit für eine Zwischenbesprechung vereinbart.

Durchführungsphase

Die einzelnen Gruppen holen sich die Naturmaterialien und notwendigen Utensilien, die in Plastikboxen oder Kartons bereitstehen. Vorher werden die Tische abgedeckt und die Kinder ziehen sich Malkittel an. Anschließend betrachten sie die Stationskarten (1–4) und Bildvorgaben und beginnen dann mit der Planung und Umsetzung ihrer Ideen. Während der Arbeit haben alle Kinder intensiven Materialkontakt und können sich durch die Lösungen der anderen Gruppenmitglieder anregen lassen. Gegenseitige Hilfestellung und Austausch geschehen ganz spontan im Prozess des Probierens und Verwerfens. Falls etwas gebohrt und gesägt werden muss, wenden sich die Kinder an die Erwachsenen, die besonders die technischen Probleme im Blick haben oder Hilfe anbieten, wenn ein Prozess ins Stocken gerät. Für die besonderen Werkzeuge wird ein eigener alter Tisch (oder eine Werkbank bzw. eine dicke Platte als Unterlage) eingerichtet, damit das Mobiliar nicht beschädigt wird.

Auswertungsphase

Die Gruppen räumen zunächst ihre Tische frei und stellen dann ihre fertigen oder halbfertigen Ergebnisse auf. Das nicht gebrauchte Naturmaterial wird wieder eingesammelt. Nach und nach wandern alle von Tisch zu Tisch. Zunächst sollen die Zuschauer über ihre Gedanken dazu oder die Wirkung erzählen. Da alle Objekte zum Anfassen und Berühren herausfordern, muss gemeinsam geklärt werden, wie man dieses Problem lösen kann. Dann berichtet die jeweilige Gruppe kurz, was sie gemacht hat, und die übrigen Kinder haben Gelegenheit zum Nachfragen. Die Tipps sind wiederum eine gute Anregung für die Fortsetzung in den nächsten Kunststunden. Falls noch Zeit bleibt, wird überlegt, was mit den Arbeiten passiert (z. B. Ausstellung im Gebäude, Vernissage mit Eltern). Spontan kam von einem Kind die Idee, Herrn Möckel einen Brief mit Fotos zu schicken oder ihm eine E-Mail zu schreiben.

Hinweis:
Verschiedene methodische Umsetzungsalternativen sind denkbar: Neben dem arbeitsteiligen Vorgehen ist auch ein arbeitsgleiches Verfahren mit einer Kleingruppe, ein Projekttag oder auch ein Angebot für Differenzierungsstunden oder als Wochenplanarbeit denkbar, Fühl-Geschichten können dazu geschrieben werden ... Der fantasievollen Weiterführung sind keine Grenzen gesetzt.

Ulrich Möckel

Das ist der Bildhauer Ulrich Möckel. Er wurde 1949 in Hemer geboren. In Münster studierte er sechs Jahre an der Kunstakademie. Danach war er Lehrer an einem Gymnasium. Er hatte aber sehr viel zu tun und machte auch noch viele Ausstellungen. Deshalb arbeitete er bald nur noch als Künstler.

Viele Jahre lang beschäftigte er sich am liebsten mit Holz. Er hat sich ganze Baumstämme und dicke Äste aus dem Wald besorgt und daraus Kunstwerke geschaffen. Er hat viele Preise bekommen. Einige seiner Sachen stehen draußen und manche sind auch aus Bronze oder Beton.

Heute wohnt er zusammen mit seiner Frau in einem schönen alten Bauernhaus. Es liegt in der Nähe des Huxdiekwaldes in Beckum. Von dort holt er sich die dicken Stämme, die er bearbeitet.

1) Wie alt ist Ulrich Möckel?

2) Schau im Atlas nach: Wo liegt Hemer? Wo liegt Beckum? Wo liegt Münster?

3) Was meinst du? Welche Werkzeuge braucht er für seine Kunstwerke aus Holz?

4) Was ist Bronze?

5) Was würdest du gern über diesen Künstler wissen?

Station 1

Schau- und Fühlkästen

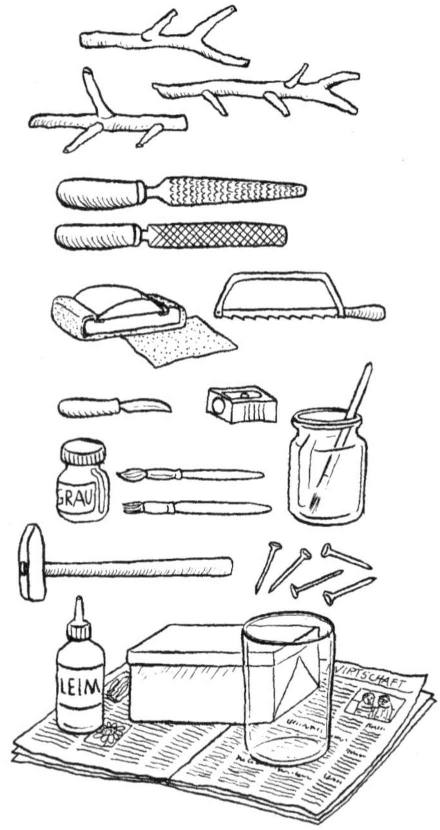

Du brauchst:

- kleine Astgabeln
- Raspel, Feile, Schmirgelpapier, Säge
- Schnitzmesser, Anspitzer
- graue Farbe, Pinsel, Wasser
- Hammer, Nägel, Leim
- durchsichtige Plastikbehälter oder
- Schuhkarton, alter Kasten
- Unterlage

So kannst du es machen:

1. Suche dir einige Stöckchen aus.
2. Entferne vorsichtig die Rinde an den beiden Enden.
3. Du kannst die Rinde noch glätten oder die Enden anspitzen.
4. Male einen Kartondeckel oder Kasten mit (grauer) Farbe an.
5. Lege deine Astgabeln in den Kasten oder Karton.
6. Probiere aus, wie du sie am besten anordnen kannst.
7. Klebe sie dann fest.
8. Warte, bis alles richtig trocken ist.

Wo könnten die Kästen stehen oder hängen?

Tipp:
Ulrich Möckel hat schmale Glasbehälter mit ganz vielen Stöcken gefüllt. Besorgt euch durchsichtige Behälter. Füllt sie mit euren Fundstücken vom Waldboden.

Station 2

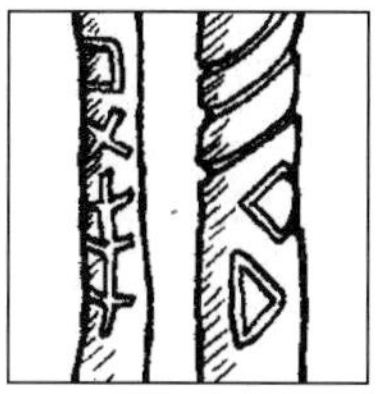

Säulen

Du brauchst:

- abgebrochene Äste, Stöcke
- Raspel, Feile, Schmirgelpapier
- Sockel (Knete, Ton, Gefäß mit Sand, Holz)
- Säge, Hammer, Nagel
- Unterlage

So kannst du es machen:

1. Suche dir ein Stöckchen aus.
2. Überlege dir, welche Muster du reinritzen kannst (schräg, quer, längs).
3. Probiere verschiedene Werkzeuge aus.
4. Baue dir einen Sockel. Knete dir z. B. einen kleinen Hügel oder nimm ein Stück Holz mit einem Loch.
5. Stecke deine Säule hinein.
6. Findest du auch einen Namen dafür?

Tipp:
Du kannst deine Säule zusammen mit den anderen auch draußen in einen Sandkasten stellen.

Station 3

Wandstücke

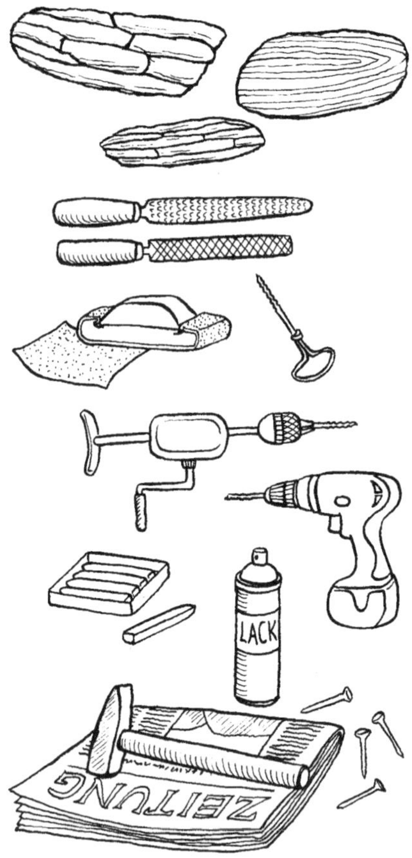

Du brauchst:
- Holzstücke mit und ohne Rinde
- Raspel, Feile, Schmirgelpapier
- Akkubohrer, Holzbohrer
- Kreide (verschiedene Blautöne)
- Lackspray bei Pastellkreiden (damit es nicht schmiert)
- Hammer, Nägel
- Unterlage, Papier

So kannst du es machen:
1. Überlege, ob du dir ein glattes oder rubbeliges Stück aussuchen möchtest.
2. Reibe dann mit den Kreidestücken darüber.
3. Du kannst mehrere Farben übereinander auftragen.
4. Verreibe sie mit den Fingern.
5. Du kannst auch noch kleine Nägel einhämmern.
6. Du kannst auch vorher Löcher hineinbohren.

Tipp:
Mit einer Schraubzwinge kannst du das Stück befestigen, damit es nicht rutscht. Das Holzstück mit einem Papiertuch festhalten, damit die Farbe nicht verschmiert.

Station 4

Tastkästen/Tastreliefs

Du brauchst:

- Rindenstücke
- etwas Glattes und Glänzendes: Silber- oder Goldfolie, Lackpapier, Kachel, Blech...
- Schere, Bleistift
- Schuhkartondeckel, Pappe
- Klebstoff, Holzleim
- Unterlage, Papier

So kannst du es machen:

1. Lege den Schuhkartondeckel auf deinen Platz.
2. Suche dir Rindenstücke aus, die in den Deckel hineinpassen.
3. Suche etwas Glattes oder schneide dir ein passendes Stück Folie aus.
4. Probiere verschiedene Möglichkeiten aus.
5. Klebe die Teile nebeneinander ein. Du kannst den Karton innen auskleiden oder 2 Stücke nebeneinanderkleben.
6. Schließe die Augen und fühle vorsichtig darüber, wenn es trocken ist.

Tipp:
Tauscht eure Fühlbilder aus.

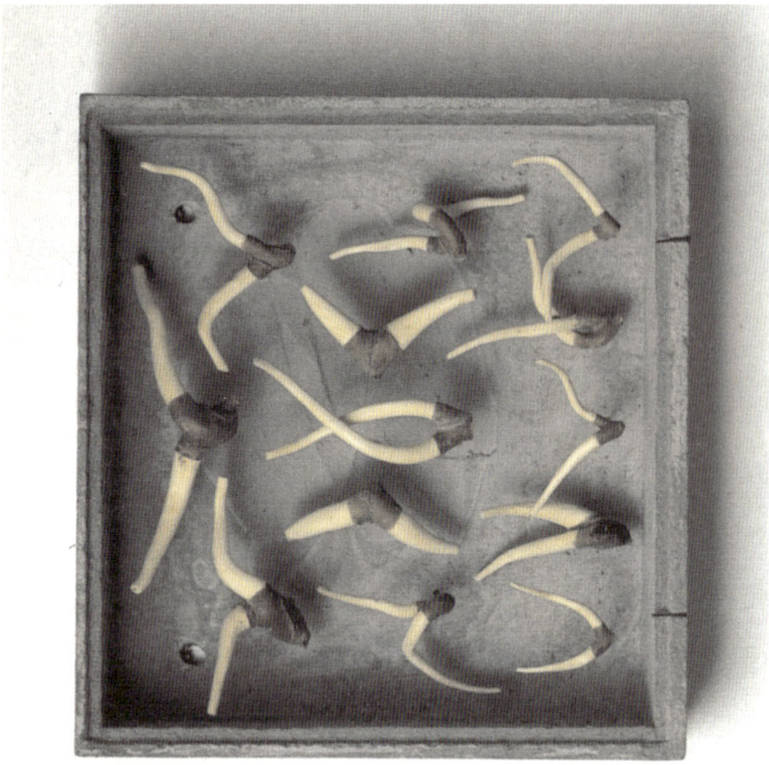

Ulrich Möckel: Kleine Sammlung, 1994

Ulrich Möckel: Säule von Neubeckum, 2000

Ulrich Möckel: Telgenbusch V, 1999

Ulrich Möckel: Wandstücke, 1995

2.3 Bäume für Räume – Holzskulpturen von Stephan Balkenhol kennenlernen und eine eigene Installation mit Holzelementen und Alltagsgegenständen erstellen

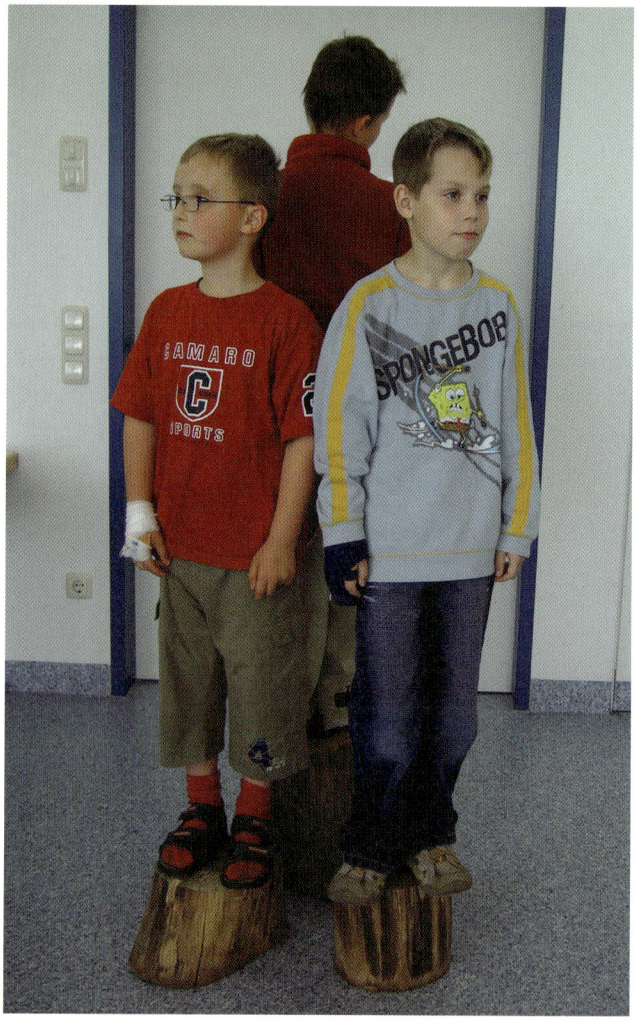

Material

„Mann auf Giraffe“ und „Paare“ von Stephan Balkenhol auf Folie (s. S. 58), Overheadprojektor, Spielzeuge (z.B. Kuscheltiere, Tiere aus Plastik und Holz), Holzstämme (unbearbeitete Klötze, für jedes Kind der Klasse einen), Leim, Kleister, Klebstoff, durchsichtiges Klebeband, Garn, Draht, Scheren, Kamera, Kataloge, Bildmaterial, Farbe, Pinsel, Schildchen, Stifte, Zeitungen oder Folien zum Abdecken der Tische

Ziel der Stunde

Die Kinder sollen, angeregt durch die Holzskulpturen des Künstlers Stephan Balkenhol, eigene dreidimensionale Objekte für ein Gesamtarrangement im Schulraum gestalten.

Begründung des Themas und Intention

Nachdem die Kinder sich intensiv mit mehr oder weniger abstrakten Darstellungsformen von Einzelobjekten und deren experimenteller reliefartiger Bearbeitung auseinandergesetzt haben, geht es nun um den Zugang zum Werk eines weiteren zeitgenössischen Künstlers: Stephan Balkenhol. Typisch für ihn ist die sehr figurative realistische Herausarbeitung einzelner menschlicher Figuren, Tiere – oder auch deren Kombination – aus dem ganzen Stamm und die plakative farbige Akzentuierung. Dieses spricht jüngere Kinder an und erinnert sie an die eigenen spielerischen Kombinationen (Playstation) im Wald. Die besondere Form der Präsentation der vielen ähnlich aussehenden vollplastischen Elemente im Raum, die durch die Zusammenstellung zum Leben erwachen, und die farbige Akzentuierung der herausgeschnittenen Gestalten motivieren zusätzlich zu einer Gemeinschaftsarbeit.

Ästhetische Praxis bedeutet Kunsterfahrung im produktiven und rezeptiven Umgang mit künstlerischen Objekten. Orientiert an den realistischen, aus Holzstämmen gearbeiteten dreidimensionalen Objekten von Stephan Balkenhol sollen die Kinder eigene Fantasieobjekte additiv zusammenfügen und zu einer Rauminstallation arrangieren. Ein eigener ästhetisch praktischer Dialog mit dem Werk geschieht hierbei nicht über die rein technische Nachahmung. Auch das handwerkliche Vermögen der Kinder in diesem Alter reicht nicht aus, um aus einem massiven Stamm eine ähnliche Holzskulptur anzufertigen, abgesehen von den räumlich-medialen Voraussetzungen. Deshalb sind andere altersentsprechende Zugänge und Reaktionen auf die ästhetischen Qualitäten der „Vor-Bilder“ zu überlegen, u.a. Verfahren und Prozesse von Objektkunst, serieller Kunst und der Installation als Kunstform, die einen eigenen Raum bildet oder gezielt künstlerisch umgestaltet. Der Begriff „Skulptur“ (sculpere [lat.] = schnitzen) und Holz als ein Material, das häufig verwendet wird, sowie dessen technische Besonderheiten können aber durchaus kindgemäß the-

matisiert werden. Der Herstellungsprozess, d.h. wie die Holzobjekte aus einem Stamm gemacht wurden, kann man beispielhaft erklären und so grundlegendes Verständnis – auch für eigene spätere Vorhaben – anbahnen.
Das Bauen und Konstruieren, das Sammeln und Zusammentragen von Gegenständen – Vorgänge, die mehr oder weniger bewusst täglich passieren – finden fast alle Kinder spannend und reizvoll. Jeder Gegenstand ändert seine Bedeutung, wenn er mit anderen zusammengestellt wird oder mit dem Ort, wo er sich befindet. Auch den einfachsten Dingen haftet eine individuelle Bedeutung an, die mit der jeweiligen Person in Verbindung steht. Besonders motivierend ist es, wenn die Kinder ihre bewusst ausgesuchten Objekte zeigen, räumlich arrangieren und in veränderter Form präsentieren können. Die ausgewählten Kunstwerke sollen diese Handlungen anregen, die den kindlichen Bedürfnissen und Interessen entsprechen. Die Kinder erkunden dabei die Umwelt, vollziehen „unvorbereitet" künstlerische Gestaltungsaspekte nach und machen eigene ästhetische Erfahrungen im Umgang mit verschiedenen Techniken und Materialien. Gleichzeitig gewinnen sie ansatzweise Verständnis für zeitgenössische Werke und aktuelle Tendenzen der Kunst, gewinnen erste Einsicht in besondere ästhetische Verfahren. Die Erscheinungsformen von Spielgegenständen – oft aus industrieller Fertigung – werden bewusster wahrgenommen und gleichzeitig deren Bedeutung durch ästhetische Eingriffe verfremdet, verändert, umgedeutet und neue Kontexte geschaffen. Die Kinder erfahren, dass triviale, vorgefertigte oder natürliche Dinge aus dem Alltag, aus ihrem eigenen Leben in kreativer Kombination auch „wert-volle" Gegenstände der Kunst werden können. Kunst kann also auch anregen zum Staunen, Schmunzeln und Wundern. Der Forscher- und Experimentierdrang wird angeregt, die Kinder erleben sich kompetent und ihr Selbstbewusstsein wird gestärkt beim Finden ungewöhnlicher Lösungen während des freien Umgangs mit den Materialien. Die Offenheit der Thematik und die Vielfalt der Materialvorgaben ermöglichen ganz individuelle Lösungen. Die Kinder lernen Ausdrucksmöglichkeiten kennen, die Parallelen zum ästhetischen Verhalten im Spiel aufweisen. Der Spiel- und Erlebnischarakter wird durch das am Ende entstehende, gemeinsam entwickelte „Produkt" und die besondere Raumerfahrung vertieft. Die Verbindungen der einzelnen Elemente werden spielerisch experimentierend realisiert, verschiedene Lösungen können problemlos probiert und wieder verworfen werden.

Zum Künstler und zum Kunstwerk

„Meine Skulpturen erzählen keine Geschichten. In ihnen versteckt sich etwas Geheimnisvolles. Es ist nicht meine Aufgabe, es zu enthüllen, sondern die des Zuschauers, es zu entdecken."
Stephan Balkenhol (Jahrgang 1957), der an der Kunstakademie Karlsruhe lehrt, gehört zu den bedeutenden zeitgenössischen deutschen Bildhauern und hat auch international große Anerkennung gefunden. Im Gegensatz zur eher abstrakt, puristischen Arbeitsweise von Ulrich Rückriem von der Hochschule in Hamburg, der von 1976–1982 sein Lehrer war, ist Stephan Balkenhol ein echter „Bild-Hauer", der sich seit den Achtzigerjahren in aktualisierter Form mit der Tradition der klassischen Skulptur auseinandersetzt. Er hat zwar auch Zeichnungen, Drucke, Reliefs und Bronzen angefertigt. Bekannt geworden ist er aber vor allem mit den typischen, farbig bemalten, aus Pappelholz ausgearbeiteten realistisch aussehenden menschlichen Figuren samt Sockel, aus dem sie herauszuwachsen scheinen und die er oft in fast serieller Form zu mehrteiligen, raumgreifenden Installationen zusammenstellt. Besonderes Merkmal der menschlichen Gestalten, Tiere oder Kombinationen (Hybride) bzw. mit Requisiten ausgestatteten Figuren sind die grob strukturierte Oberflächengestaltung und das Herausarbeiten aus einem Stamm. Die Arbeitsspuren sind deutlich sichtbar. Risse, Furchen, Astlöcher, Kanten verleihen den distanziert, in sich gekehrt und statuarisch erscheinenden, gleichzeitig auch den Zuschauer beobachtenden, nicht am klassischen Schönheitsideal orientierten Darstellungen von Männern und Frauen eine ambivalente Ausstrahlung. Einerseits wird das jeweils Individuelle eines Wesens betont und die Figuren scheinen uns irgendwie vertraut, andererseits wirken sie anonym und fremd. Sie tragen aktuelle Frisuren und Alltagskleidung. Die Formate sind dabei entweder unterhalb der realen Größe oder überlebensgroß.

Balkenhol greift auf die kindliche Welt der Spielzeugtiere zurück (er nahm Tiere in sein Repertoire auf, als das in der Kunstwelt fast undenkbar erschien) und wie selbstverständlich und humorvoll kombiniert er Dinge, die es im Alltag so nicht gibt, z. B. Mann, den Hals einer Giraffe hinaufkletternd, Mann unter einem Fliegenpilz, Frau auf dem Erdball, Elefantenmensch.

Aufbau der Stunde

Einstiegsphase

Einige Tage vor dem Kunstunterricht werden die Kinder gebeten, ältere (entbehrliche) Kuscheltiere, Puppen, Holz- und Spielzeugtiere, Plastikpüppchen, Bälle, kleine Autos etc. zu sammeln und mit in die Schule zu bringen. Diese Dinge werden zusammen in einer Schatztruhe aufbewahrt, ohne dass verraten wird, wofür sie gebraucht werden.

Die zunächst unter einem Tuch verborgenen dicken Holzklötze erregen die Neugier und wecken die Fantasie der in einem Sitzkreis um die verdeckten Objekte herumsitzenden Kinder. Die Anordnung der Stämme im Kreis ist gleichzeitig ein Modell für die spätere Installation aller Objekte im speziellen Raum der jeweiligen Schule. Bevor die Kinder das Geheimnis lüften und direkten Materialkontakt haben, äußern sie Vermutungen dazu, was das wohl sein könnte und woran sie bestimmte Formationen erinnern. Vorsichtig können sie bestimmte Teile „be-greifen", Begrenzungen wahrnehmen, besondere Details beschreiben, ihre Einfälle äußern. Dann fassen alle die Abdeckung an und heben auf ein Zeichen hin gleichzeitig die Tücher hoch. Für alle ist nun noch einmal Gelegenheit, die natürlichen Oberflächen bzw. Schnittkanten des Holzes zu erspüren. Jedes Kind darf sich einen Holzstamm aussuchen und kann ihn zunächst noch hinter den eigenen Stuhl stellen.

Erarbeitungsphase

Während die Kinder gemeinsam überlegen, was mit den Holzklötzen heute wohl passieren wird, öffnet die Lehrerin/der Lehrer die Tafelseiten und präsentiert kommentarlos die zwei Kunstwerke von Balkenhol als Farbkopien (s. S. 58), die nebeneinander an der Tafel hängen, oder sie werden den Kindern als Folie mittels Overheadprojektor gezeigt. Die spontanen Kommentare der Kinder werden erst einmal nur gesammelt. Danach wird durch gezielte Impulse geklärt, welche Elemente erkennbar sind, woher die Kunstwerke stammen könnten, wie das Ganze technisch gemacht wurde oder auch, welche Ähnlichkeiten untereinander bestehen. Falls die Kinder nicht schon selbst eine Verbindung hergestellt haben, wird anschließend die Spielzeugsammlung in die Mitte gestellt. Zunächst aber steigen sie auf die Klötze und nehmen verschiedenen Posen ein. Einige Kinder demonstrieren dann, was man analog zu den Vorbildern mit den gesammelten Dingen auf dem Stamm arrangieren kann. Es können ganz realistische Verbindungen oder auch „ver-rückte" Kombinationen sein. Geklärt wird auch, wie man die Gegenstände verbinden oder befestigen kann. Wenn die Teile später wieder gebraucht werden sollten, muss dafür gemeinsam eine Lösung gefunden (mit Nylonfäden, doppelseitigem oder durchsichtigem Klebeband befestigen) und gezeigt werden. Ansonsten muss je nach Materialien vorher ein entsprechender Klebstoff (Kleister, Holzleim, Kraftkleber) besorgt werden.

Alternativ ist auch denkbar, dass die Kinder selbst Tiere herstellen: aus Holzelementen kleben, aus Ton formen oder vorher längerfristig eine Sammlung veranstalten, um ein möglichst großes Materialrepertoire zu bekommen.

Durchführungsphase

Bevor die Kinder loslegen, werden auf dem Boden oder den Arbeitstischen Zeitungen, Folien oder ähnliche Unterlagen ausgebreitet und die gesammelten Elemente verteilt. Jedes Kind sucht sich einen Partner, wobei auch für jeden ein eigenes Werk hergestellt werden kann. Alle sollen auf jeden Fall aktiv beteiligt sein. Kinder, die sich nicht trauen oder gar keine Ideen haben, greifen „blind“ in die Schatzkiste und ziehen sich einfach zwei Teile. Zunächst wird dann in der Kleingruppe ausprobiert, welche Kombinationen möglich sind und wie sie wirken, bevor die endgültige Entscheidung fällt und die Dinge fixiert werden. Während der ganzen Zeit herrscht reger Austausch und intensiver Materialkontakt. Gegenseitige Beratung, echter Tausch von interessanten Utensilien und Hilfestellung geschehen spontan im Arbeitsprozess. Die nicht verwendeten Teile werden anschließend wieder eingesammelt und der Arbeitsplatz aufgeräumt. Bevor sich alle im Sitzkreis versammeln, überlegen die Arbeitsteams, wie und was sie den anderen vorstellen und mitteilen wollen.

Auswertungsphase und Möglichkeiten zur Weiterarbeit

Jedes Kind bzw. jedes Paar stellt das fertige Werk vor sich hin. Alle haben so Gelegenheit, jedes Objekt zu sehen und die Vielzahl der Lösungen wahrzunehmen. Wer etwas sagen oder fragen möchte, kann sich melden. Das Äußern von konstruktiver Kritik wird eingeübt durch eine kleine Übung: Mir gefällt besonders... Auch ein Suchspiel ist möglich, um die Wahrnehmung von Farben, Formen, Details zu trainieren: Ich sehe was, und das ist... Die Anregung, witzige Titel für die verschiedenen Werke zu finden, kann hier erfolgen oder zuvor am Ende der Durchführungsphase. Zum Schluss der Stunde oder, wenn die Zeit nicht reicht, zu Beginn der nächsten Kunststunde wird gemeinsam überlegt, wie und wo man eine Ausstellung mit allen Werken machen kann.
Die Kinder erhalten dann einen Auftrag bzw. eine Hausarbeit zur nächsten Stunde, die sie zu zweit oder in einer Kleingruppe bearbeiten:
Sucht im Internet ein Bild, wo Stephan Balkenhol in einem großen Raum ganz viele Holzkunstwerke zusammengestellt hat. Anhand dieser Beispiele wird dann die konkrete Aufstellung für einen speziellen Raum konzipiert, erprobt und realisiert. Günstig wären ein etwas größerer, öffentlicher Platz im Schulgebäude oder auch außerhalb und am besten auch eine richtige kleine Vernissage mit Einladung, Besuchern, Presse und Bewirtung, unterstützt durch Eltern.

Literatur

Brodolf, Jürgen: Landschaftsinstallationen Wald, in: „Der Baum“. Ausstellungskatalog Kunstverein Heidelberg, 1985

Gessing, Martin (Hrsg.): BaumZeit – Skulpturen und Texte/Museumsverein Beckum, Ulrich Möckel. Bielefeld 2001

Galerie Anette Röhr (Hrsg.): Ulrich Möckel – Vom Kern der Dinge. Bielefeld 2006

Katalog der Ausstellung vom 15. Juli – 17. September 2006 in der Staatlichen Kunsthalle Baden-Baden: Stephan Balkenhol

Katalog zur Ausstellung: Ulrich Möckel, „Auslese '95“, Wandstücke und andere Arbeiten. Kulturgesellschaft der Stadt Ahlen, Stadt-Galerie 1995

Kathke, Petra: SINN und EIGENSINN des Materials. Bd. 1. Weinheim 2003

Kirchner, Constanze: Den Dingen auf der Spur. In: Kunst + Unterricht 237/1999, S. 22 f.

Kirchner, Constanze/Kirschenmann, Johannes: Natur und Tiere in der Kunst. Seelze 1998

Kunst + Unterricht: Ästhetische Erfahrung in der Landschaft, 125/1997

Polzin, Manfred: Auslegen mit Richard Long. In: Duderstadt, Matthias (Hrsg.): Kunst in der Grundschule. Frankfurt a. M. 1996, S. 133 f.

Walch, Fosef: Kunst im Kasten. In: Kunst + Unterricht 123/1988, S. 16 ff.

Walch, Fosef: Von Kunst ausgehen – Baumdarstellungen/Baumobjekte in der aktuellen Kunst als Ausgangspunkt für den Unterricht. Kunst + Unterricht 102/1986, S. 14 f.

Weingart, Petra: Mein Baum. Donauwörth 2004

Schutzgemeinschaft Deutscher Wald, Kreisgruppe Coesfeld-Münster (Hrsg.): Bäume sind Freunde. Münster 2005

Internetadressen

- www.wehrfritz.de: Zauberschnur (Wald) zu beziehen
- www.wunschbaum.de/kunstforum.htm
- ulrich.moeckel@t-online.de (E-Mail des Künstlers)

Stephan Balkenhol: Mann auf Giraffe, 1990

Stephan Balkenhol: Tanzende Paare (Detailansicht), 1999

3 Paradiesvögel im Vogelparadies

Thema und Intention

Tiere faszinieren Kinder als lebendige Wesen, als Kuscheltiere und als Bilderbuchfiguren. Die besondere Faszination von Vögeln liegt sicher in ihrer Fähigkeit, fliegen zu können, ein Traum, den besonders auch Kinder träumen.
In dieser Unterrichtsreihe gestalten die Kinder Vögel als Flatterwesen, als Zaubervögel und Paradiesvögel, die in einem Vogelparadies – der eigenen Klasse – ausgestellt werden sollen. Dabei lernen sie unterschiedliche künstlerische Darstellungen von Vögeln kennen und nutzen diese auch als Anregung für das eigene kreative und fantasievolle Gestalten. Die Kinder sollen ihre Wahrnehmungsfähigkeit und ihr Vorstellungsvermögen erweitern, indem sie, ausgehend von ersten Vogelzeichnungen, diese zu zweidimensionalen Objekten werden lassen, bevor sie sich an einem Projekttag „Paradiesvögel" in einer Klasse oder jahrgangsübergreifenden Gruppe mit einem Partner und an verschiedenen Stationen auf eine Vielzahl von Materialien einlassen und experimentell sowie kreativ eigene Vogelobjekte erschaffen. So werden die Kinder die Grundform Vogel auf vielfältige Weise ausdifferenzieren, neue Techniken kennenlernen und Erfahrungen mit Werkzeug und Material sammeln. Darüber hinaus begegnen ihnen Kunstwerke, sie lernen einige Künstler kennen und erweitern ihr Repertoire an Fachbegriffen. Durch die Auseinandersetzung mit Kunstwerken können die Kinder erfahren, mit welchen Mitteln Künstler Vögel darstellen. Die Kunstwerke wiederum können inhaltlich und formal Impulse zur eigenen bildnerischen Gestaltung geben und ungewöhnliche Wege zeigen, sich an das Thema Vögel anzunähern. Die Arbeit von älteren und jüngeren Kindern zusammen wird positive Effekte auf das Sozialverhalten der Kinder untereinander haben und der Austausch wird Kreativität, Motivation und Fantasie fördern.

Informationen zur Unterrichtsreihe

Ziel der Reihe

Die Kinder gestalten mit unterschiedlichen Materialien fantasievoll Vögel und Vogelobjekte. Diese „Paradiesvögel" werden im „Vogelparadies" ausgestellt. Während dieser Unterrichtsreihe lernen die Kinder verschiedene Künstler und ihre Werke zum Thema Vögel kennen.

Aufbau der Reihe

- **Zaubervögel** – Auf Pappe skizzierte Vögel ausschneiden, in den drei Grundfarben bemalen und als dreidimensionales Objekt aufstellen (3 Stunden)
- **Drahtvögel, blaue Vögel, Flaschenvögel** – Paradiesvogelobjekte im Rahmen eines Projekttages aus verschiedenen Materialien erschaffen (4 bis 5 Stunden)
- **Paradiesgarten –** Leinwände arbeitsteilig bemalen und den „Lebensraum" Vogelparadies gestalten (im Rahmen eines Wochenplans)
- **Paradiesvögel im Vogelparadies –** Eine Ausstellung der Objekte planen und durchführen (2 bis 4 Stunden)

3.1 Zaubervögel – Auf Pappe skizzierte Vögel ausschneiden, in den drei Grundfarben bemalen und als dreidimensionales Objekt aufstellen

Material

Abbildungen der Kunstwerke „Taube“ und „Friedenstaube“ von Pablo Picasso als Folie (s. S. 64), Overheadprojektor, Zeichenpapier, Bleistift, Karton oder Wellpappe, Scheren, Borstenpinsel, Schulmalfarbe in Rot, Gelb, Blau, Pappteller oder Dosendeckel für die Farben, Malunterlagen, Malkittel, kleine bunte Äste (z. B. vom Hartriegel), Styroporblöcke, ca. 6 x 6 cm, Folie

Ziel der Stunde

Die Kinder skizzieren und zeichnen einen Vogel aus der Seitenperspektive auf Pappe und schneiden ein zweidimensionales Vogelobjekt aus Pappe aus, das sie mit roter, gelber und blauer Farbe zu einem Zaubervogel gestalten.

Begründung des Themas und Intention

Erste Vogelzeichnungen bei Schulanfängern zeigen manchmal Darstellungen der Tiere in frontaler Ansicht, die Menschendarstellungen ähnlich sind. „So sehen Tiere, ob Hund, Katze, Vogel, Fisch, alle annähernd gleich aus, mit einer menschenähnlichen Gesichtsmusterung versehen. Die erste grundsätzliche Unterscheidung zur Menschdarstellung erfolgt durch die Horizontalstellung des Körpers und damit verbunden die Darstellung in der Seitenansicht. Zur Verdeutlichung beispielsweise von zwei Flügeln wählen Kinder gern die gleichzeitige Darstellung in der Seit- und Draufsicht.“ (E. Hietkamp: Kunst erleben – Kunst begreifen, Berlin 1998, S. 234)
Die Vögel stehen aufrecht, man sieht einen Kopf mit zwei Augen, anstelle der Arme sind Flügel. In einer weiteren Entwicklungsstufe malen Kinder Tiere meist in seitlicher Perspektive. In dieser Anfangssequenz der Reihe soll den Kindern eine seitliche Darstellung nahegebracht werden durch die gelenkte Wahrnehmung eines Vogels, der von einem Künstler (Picasso: La Paloma, 1949) gemalt wurde. Bewusst wird noch eine einfache Strichzeichnung eines Vogels von Picasso, der einfache Formen als erstrebenswerte künstlerische Vollendung ansah, der Taube gegenübergestellt. Das Bild und die Skizze sollen die Kinder zur Nachahmung inspirieren und ermutigen. Das Gefühl, auch wie ein Künstler zu arbeiten, steigert das Selbstwertgefühl der „kleinen Künstler“ und erweitert ihr Wahrnehmungsvermögen und ihre Vorstellungsfähigkeit. Gleichzeitig lernen sie mit Pablo Picasso einen der bedeutendsten Künstler des 20. Jahrhunderts kennen, von dem sie einige Details aus seinem Leben und durch die Erzählung der Lehrerin/des Lehrers mehr über sein Verhältnis zu Vögeln erfahren. Gezeigt wird den Kindern eine Fotografie von Picasso mit einer Eule. Nachdem die Kinder in der Arbeitsphase eine oder mehrere Zeichnungen eines Vogels von der Seite als Skizzen angefertigt haben, soll eine Skizze als Vorlage für ein zweidimensionales Objekt aus Pappe dienen. Durch das Ausschneiden und Aufstellen auf einem Sockel wird so aus der Zeichnung ein erstes dreidimensionales Vogelobjekt. Dabei lernen die Kinder durch das Skizzieren und Übertragen der Zeichnung auf einen anderen Bildträger gleichzeitig auch eine Arbeitsweise von Künstlern kennen. Aus den drei Grundfarben werden dann neue Farben „gezaubert.“ Die Kinder können dabei Farberfahrungen mit den Primärfarben sammeln und Mischfarben entstehen lassen. Sie probieren aus, beobachten und sammeln Erfahrungen mit den Mischmöglichkeiten von Farben bei der Gestaltung ihres Zaubervogels.

Zum Künstler und zum Kunstwerk

Pablo Picasso wurde 1881 in Malaga in Spanien geboren und starb 1973 in Mougins in Frankreich. Er war Maler, Bildhauer, Grafiker. Sein Werk umfasst mehr als 15000 Gemälde, Zeichnungen, Grafiken, Plastiken und Keramiken. Sein bekanntestes Werk ist das monumentale Werk „Guernica“, ein Wandgemälde, das Picasso zur Weltausstellung 1937 malte. Picasso engagierte sich vehement gegen Krieg und setzte sich für den Frieden ein. 1949 entwarf er für das Plakat für die Weltfriedenskonferenz eine Taube. Sie ist seitdem weltweit ein Symbol für Frieden. Die Taube «la paloma» war immer schon ein bevorzugtes Motiv in Picassos Werk. Von Kindheit an begleitete ihn die Taube als Motiv. Sie steht als Zeichen für Harmonie und ist Ausdruck einer friedlichen Atmosphäre. Als in ganz Paris 1949 die Friedenstaube auf den Plakaten zur Ankündigung des Weltfriedenskongresses zu sehen war und Picasso erfuhr, dass er eine Tochter bekommen hatte, gab er ihr den Namen Paloma. Picasso zeichnete die Taube auf vielfältige Weise. Die Friedenstaube ist eine Lithografie. Picasso war es ein Anliegen, in seinen Zeichnungen die kindliche Unbekümmertheit wiederzuerlangen, was zahlreiche Skizzen von Vögeln belegen. So zeigt eine Studie von 1946 eine Taube in ganz einfacher Form, die an eine Kinderzeichnung erinnert.

Aufbau der Stunde

Einstiegsphase

Die Kinder sitzen im Halbkreis und betrachten ein Foto von Pablo Picasso, das ihn mit einer Eule zeigt. Sie sollen heute einen berühmten Künstler kennenlernen. Vielleicht ist einigen Schülern der Name präsent. Ansonsten gibt die Lehrerin ein paar Informationen zu Picassos Leben und die Kinder hören die Erzählung von Picassos Eule (s. S. 63). Sie erfahren, dass der Künstler ein besonderes Verhältnis zu Vögeln hatte. Danach präsentiert die Lehrerin/der Lehrer Picassos Friedenstaube (s. S. 64) als Folie mittels Overheadprojektor. Die Kinder schauen sich den Vogel an und erkennen in ihm eine Taube. Gemeinsam wird erarbeitet, dass die Taube ein Symbol für den Frieden darstellt, und die Kinder erfahren, dass diese Taube auf einem Plakat zur Ankündigung der Weltfriedenskonferenz in Paris massenhaft verbreitet wurde.

Erarbeitungsphase I

Im nächsten Schritt wird die Aufmerksamkeit der Kinder auf die Darstellung der Taube gelenkt. Sie sollen die seitliche Perspektive erkennen und die sichtbaren Körperteile des Vogels beschreiben. Zur Vereinfachung wird Picassos Vogelstudie (s. S. 64) der Friedenstaube gegenübergestellt und so den Kindern verdeutlicht, dass mit wenigen Linien ein Vogel entstehen kann. Ähnlich wie Picasso die Taube von der Seite gemalt hat, so sollen die Kinder auch einen Vogel skizzieren.

Die Lehrerin/der Lehrer erläutert das weitere Vorgehen und die Aufgabenstellung. Die Kinder sollen einen Vogel von der Seite auf einen Pappkarton zeichnen. Sie erhalten dafür mehrere DIN-A5-große Papiere. Nachdem sie die in dieser Perspektive sichtbaren Körperteile beschrieben haben, versuchen sie sich an einer eigenen Skizzierung eines Vogels aus dieser Sehrichtung. Wenn mehrere Skizzen angefertigt sind, kann eine gute Skizze auf einen DIN-A5-großen Pappkarton übertragen werden. Mit einer möglichst großen Schere wird dann der Vogel ausgeschnitten.

Der Zaubervogel

Du liegst im grünen Gras und schaust in den hellblauen Himmel. Die Sonne scheint und wärmt deinen Körper. Du fühlst dich wohl. Sanft rauscht es in der Luft und plötzlich landet ein wunderschöner Vogel neben dir. Seine Federn leuchten in vielen bunten Farben. Es ist der Zaubervogel. „Komm mit!", ruft er dir zu. Du steigst auf seinen Rücken, machst es dir bequem und hältst dich an den starken Federn fest. Der Zaubervogel breitet seine Flügel aus und fliegt mit dir hoch in die Luft hinaus. Du schaust herunter und siehst, wie unter dir alles kleiner und immer kleiner wird. Der Vogel steigt höher und höher. Du fühlst die unendliche Weite, die dich umgibt. Es macht dir Spaß, mit dem Vogel durch die Luft zu fliegen. Du kuschelst dich in die weiten Federn und flüsterst dem Vogel zu, wohin du jetzt am liebsten fliegen möchtest. Der Vogel erfüllt dir jeden Wunsch und bringt dich dorthin, wo alles so ist, wie du es dir wünschst. Du hast Zeit, dich umzuschauen ...
Dann bringt der Zaubervogel dich wieder zurück auf die Wiese. Du schaust ihn dir noch genau an, seinen farbigen Körper, seine bunten Federn ..., bevor er leise seine Flügel ausbreitet und mit sanften Flügelschlägen davongleitet.

(Nach Petra Proßowsky/DeFlyer: Traumgeschichten, Donauwörth 2005)

Durchführungsphase I

Die Kinder erhalten Zeichenpapier und versuchen nun, verschiedene seitliche Vogeldarstellungen zu skizzieren. Nach Absprache mit der Lehrerin/dem Lehrer übertragen sie einen gelungenen Entwurf auf die Pappe und schneiden ihren Vogel aus.

Erarbeitungsphase II

Die Kinder machen es sich auf Teppichfliesen auf dem Boden im Kreis bequem, legen ihre Vögel vor sich hin, schließen die Augen und lauschen der Traumgeschichte vom Zaubervogel, die die Lehrerin/der Lehrer erzählt.

Durchführungsphase II

Die Kinder überlegen gemeinsam, wie aus ihrem Pappvogel ein Zaubervogel werden kann. Sie schlagen vor, den Vogel farbig zu gestalten. Die Lehrerin/der Lehrer bietet ihnen die drei Grundfarben Rot, Gelb und Blau an und regt an zu überlegen, ob diese Farben ausreichen. Erste Kenntnisse von Mischfarben werden artikuliert. Die Kinder richten ihre Arbeitstische ein mit Unterlagen, Wassergefäß und Farbpaletten (Teller oder Schraubdeckel) und beginnen mit der Ausgestaltung des Pappvogels. Die Kinder probieren Farbwirkungen und Mischungen aus und gestalten den Vogelkörper. Nachdem eine Seite des Zaubervogels angemalt ist, benötigt der Vogel Zeit zum Trocknen. In der Zwischenzeit können die Kinder den Styroporsockel für ihren Zaubervogel blau anmalen und zum Trocknen hinstellen. Die zweite Seite des Zaubervogels kann nun angemalt werden. Sind alle Teile getrocknet, kann der Zaubervogel mithilfe kleiner Ästchen (z. B. hellgrüner oder roter Hartriegel), die als Beine dienen, in den blauen Sockel gesteckt werden.

Auswertungsphase

Die Kinder bilden mit ihren Vögeln einen Stuhlkreis und stellen ihr fertiges Vogelobjekt vor sich hin. Jedes Kind sucht die „schönere" Seite des Vogels aus und präsentiert diese den Mitschülern. Jetzt kann jedes Kind zu seinem Zaubervogel erzählen. Die anderen Kinder achten auf die Farbgestaltung und finden heraus, welche Farben mit den Grundfarben „gezaubert" wurden. Die Kinder bringen ihre Erfahrungen mit dem Mischen ein und berichten, wie sie bestimmte Farben bewusst oder zufällig gezaubert haben.

Pablo Picasso und die Vögel

Die Lebensgefährtin von Pablo Picasso – Françoise Gilot – erzählt über seine Vorliebe für Vögel:

Pablo liebte es, sich mit Vögeln und anderen Tieren zu umgeben.
Im Allgemeinen waren sie von dem Misstrauen ausgenommen, mit dem er seine menschlichen Freunde betrachtete.
Während Pablo noch im Musée d´Antibes arbeitete, kam eines Tages Sima mit einer kleinen Eule zu uns, die er in einem Winkel des Museums gefunden hatte. Eine ihrer Krallen war verletzt.
Wir bandagierten die Kralle und sie heilte allmählich.
Wir kauften einen Käfig für die Eule und als wir nach Paris zurückkehrten, nahmen wir sie mit. Wir stellten sie in die Küche zu den Kanarienvögeln, Tauben und Turteltauben.

(Nach Gilot, Françoise/Lake, Charlton: Leben mit Picasso, 1981)

Pablo Picasso: Friedenstaube, 1949

Pablo Picasso: Taube (Studie), 1946

3.2 Drahtvögel, blaue Vögel, Flaschenvögel – Paradiesvogelobjekte im Rahmen eines Projekttages aus verschiedenen Materialien erschaffen

Material

Stationskarten mit dem benötigten Material (s. S. 68 ff.), „Le Coq“ von Alexander Calder sowie Calders Atelier als Folie (s. S. 73), Overheadprojektor, CD mit Vogelstimmen, Postkarten und Fotokopien von „künstlerischen“ Vögeln an einer Wäscheleine, Klebepistole, Klebestift, Flüssigkleber, Bänder, Klebeband, Draht.

Ziel der Stunde

Die Kinder sollen aus verschiedenen Materialien zu zweit mehrere Vogelplastiken gestalten und sich dabei mit den Eigenschaften der Materialien auseinandersetzen, Gestaltungsmöglichkeiten gemeinsam planen, erproben und kreativ ungewöhnliche „Paradiesvögel“ erschaffen.

Begründung des Themas und Intention

Im Mittelpunkt dieses Projekttages stehen verschiedene „Paradiesvögel“; dies sind Vogelobjekte aus Alltagsmaterialien. Die Kinder lernen Alltagsgegenstände als Gestaltungsmittel kennen und erschaffen aus diesen mit viel Fantasie ungewöhnliche Vögel. Hierbei wird den Kindern deutlich, dass alltägliche Materialien auch entfremdet und zu einem ungewöhnlichen Objekt wieder zusammengefügt werden können. Drei Stationen zur räumlichen Gestaltung von Objekten, hier von Vögeln, stehen im Mittelpunkt. Für jede dieser Stationen wird ein eigener Materialtisch mit Arbeitsanweisungen aufgebaut. Wenn diese Materialien zu Anfang auch getrennt sein sollen, so spricht bei der weiteren Arbeit nichts gegen eine Vermischung der Materialien, wenn sie denn zur Umsetzung der eigenen Ideen benutzt werden. Ausgangspunkt für die Paradiesvögel der Kinder ist eine Vogelplastik von Alexander Calder, die aus unterschiedlichen Abfallmaterialien wie Blech, Draht, Karton etc. gestaltet worden ist. Der Künstler und seine Arbeit sowie auch seine Arbeitsweise werden zu Beginn und zum Ende des Projekttages miteingebunden. Zu Beginn wird das Werk vorgestellt und gemeinsam betrachtet, zum Ende des Tages erhalten die Kinder einen Einblick in das Atelier des Künstlers. Der Projekttag erfolgte als jahrgangsübergreifendes Projekt. Zwei Klassen und die jeweiligen Lehrerinnen betreuten die Kinder, die in Partnergruppen kreativ tätig wurden. Dieser Projekttag kann genau so auch nur mit einer Klasse in Partnerarbeit durchgeführt werden. Die Schüler verständigen sich über ästhetische Prozesse und Produkte. Sie sammeln Erfahrungen im plastischen Gestalten und in der Gestaltbarkeit der Materialien. Vorteile dieser Partnergruppen liegen neben gemeinsamer Ideenfindung und kreativer Umsetzung besonders im Bereich des sozialen Miteinanders. Die Kinder lernen miteinander und voneinander. Sie gehen aufeinander ein, nehmen aufeinander Rücksicht, indem sie sich gegenseitig helfen und absprechen. Die Ausdauer ist meist größer und die gemeinsame Freude über die Ergebnisse stärkt den Zusammenhalt, wirkt sich positiv auf das Sozialverhalten und das Klassenklima aus. Das Erproben von Gestaltungsmöglichkeiten fördert taktile, visumotorische und feinmotorische Fähigkeiten. Offene Unterrichtsverfahren ermöglichen eigenständige Lösungswege und Arbeitsergebnisse. Neben den zentralen Stationen zum Bau von Vogelobjekten (Drahtvogel, Flaschenvogel und blauer Vogel) werden einige Stationen aufgebaut, die mehr den fächerübergreifenden Bezug zum Thema Vögel darstellen (Gedichtvortrag

einüben, Geschichte erfinden, Ausmalbild) und vor allem auch Ruhe und Rückzugsmöglichkeit bieten sollen.
Für den Projekttag in der beschriebenen Form benötigt die Gruppe einen, besser zwei große Räume mit zusätzlichen Arbeitsmöglichkeiten auf dem Flur o. Ä. Bilder, die Künstler von Vögeln entworfen haben, hängen als Anregung an einer Wäscheleine vor dem Fenster im Flur. In einem Klassenraum wird eine Klebestation für die Heißklebepistole eingerichtet, die von einem Erwachsenen bedient wird. Die drei Hauptstationen können selbstverständlich auch in Einzelstunden als Anregung für die Gestaltung von Paradiesvögeln genommen werden. Man muss dann leider auf die Materialfülle und Auswahl verzichten, was sich vielleicht in ähnlichen Ergebnissen niederschlägt. Zur Station des blauen Vogels bleibt anzumerken, dass die Herstellung des Vogels zwei Trockenphasen benötigt. Es ist daher ratsam, direkt mit der Herstellung des Körpers aus Papiermaschee zu beginnen und die farbige Ausgestaltung später nach dem Trockenprozess vorzunehmen oder den Körper als Ei vorher schon anzufertigen und am Projekttag den Vogel auszugestalten.

Zum Künstler und zum Kunstwerk

Alexander Calder (1898–1976) arbeitete zunächst als Autodidakt neben seiner Berufstätigkeit und fertigte Zeichnungen und Bilder an, bevor er an Kunstkursen teilnahm und für Zeitungen satirische Zeichnungen machte. 1925 beschäftigte er sich mit dem Zirkus und fand hier Themen und Motive für viele seiner Arbeiten. In diesem Jahr entstand seine erste Drahtplastik. 1927 präsentierte er Tiere aus Eisendraht und Flaschenkorken der Öffentlichkeit und entwickelte aus mechanischen Spielzeugen schließlich einen ganzen Miniaturzirkus.
1930 ging Calder nach Paris und traf mit Marcel Duchamp und Hans Arp zusammen. Duchamp gab den motorgetriebenen Plastiken Calders den Namen „Mobiles“, Arp nannte die bewegungslosen Objekte „Stabiles“. Ein wichtiges Anliegen Calders war, Abstraktion und Bewegung miteinander zu verbinden. Neben seinen Mobiles, die durch Luftzirkulation bewegt werden, schuf er auch motorgetriebene Großplastiken.1934 ging Calder zurück in die USA. Es entstanden monumentale Kunstwerke aus großen Metallplastiken. Daneben kreierte er auch Bühnenbilder für das Pariser Theater.
Calder zählt zu den Hauptvertretern der kinetischen Plastiken. Lebenslang stand er mit seinem Freund Joan Miró in konstruktivem Austausch, der sich auch im Werk beider Künstler widerspiegelt.

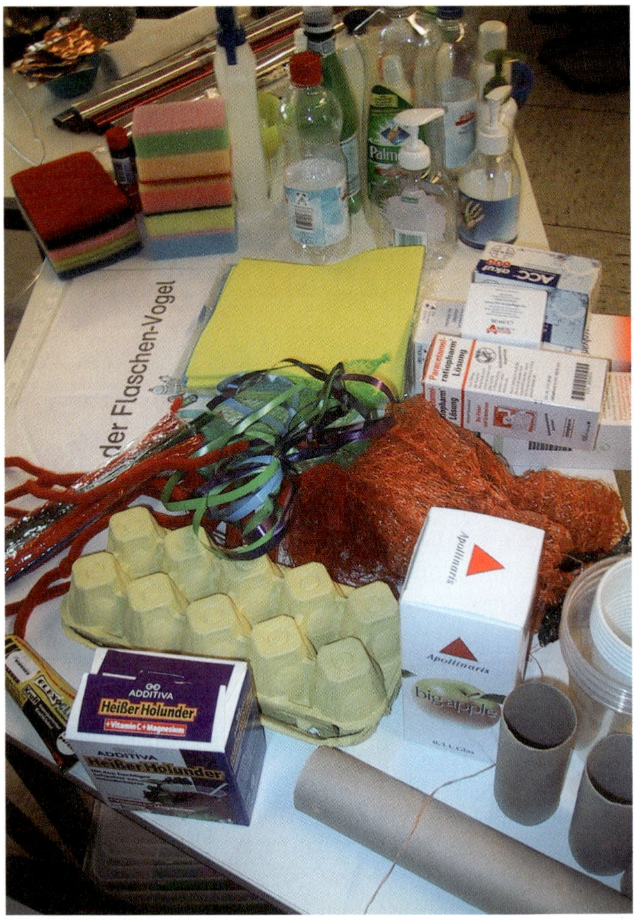

Aufbau der Stunde

Einstiegsphase

Die Kinder sitzen im Halbkreis auf Teppichfliesen vor der Projektionswand. Sie hören Vogelstimmen von einer CD und schauen sich das Objekt „Le Coq“ von Alexander Calder (s. S. 73) an.
Sie äußern sich zum Objekt, zu der Art des Vogels, den verwendeten Materialien. Sie stellen Vermutungen über Verbindungen der einzelnen Körperteile an. Sie überlegen, welcher Vogel dargestellt ist. Die Lehrerin/der Lehrer nennt den Titel „Le Coq“ (der Hahn), gibt einige Informationen zum Künstler und erzählt vom Erfinder des Mobiles.

Erarbeitungsphase

Nach der Ankündigung des Tageszieles, Vögel aus Alltagsmaterialien gemeinsam herzustellen, gehen Lehrerin/Lehrer und Kinder die einzelnen Stationen bzw. Materialtische gemeinsam ab. Sie schauen sich die Materialtische „Drahtvogel“, „Flaschenvogel“ und „blauer Vogel“ an, benennen die Materialien. Die Lehrerin/der Lehrer erläutert die anderen Stationen. Zu zweit entscheiden sich die Kinder, an welcher Station sie beginnen wollen, und richten sich einen Arbeitsplatz ein. Sie besprechen ihr weiteres Vorgehen und holen sich die benötigten Materialien. Die Kinder entscheiden selbst, wie viele Stationen sie im vorgegebenen Zeitrahmen bearbeiten.

Durchführungsphase

Auf zwei Klassenräume verteilt arbeiten die Partnergruppen an verschiedenen Gruppentischen, an denen sie sich ihren Arbeitsplatz eingerichtet haben. Im Flur hängen Postkarten und Fotokopien von Vögeln, die Künstler gestaltet haben, als Anregung (zum Beispiel Pablo Picasso: Tauben und/oder Katze und Vogel; Max Ernst: Vogel; Joan Miró: Vogelobjekt; Niki de Saint Phalle: Sonnengott; Paul Klee: Zwitschermaschine).

Während die Trennung der Materialtische in Drahtvogel, Flaschenvogel, blauer Vogel sich zu Anfang als sinnvoll erwies, um das Materialangebot zu strukturieren, zeigte es sich im Laufe der Arbeit, dass viele Schülergruppen auch „tischübergreifend" das Materialangebot für eigene kreative Ideen nutzten. Die altersgemischten Gruppen erwiesen sich als motivationsfördernd und wirkten sich positiv auf das Arbeitsverhalten aus. Die Einrichtung sog. „ruhiger" Stationen, wie die Lesestation, die Geschichtenstation oder die Ausmalstation, war für viele Kinder eine gute Gelegenheit, an diesem arbeitsintensiven Tag zwischendurch auch erst mal zur Ruhe zu kommen, bevor sie dann gestärkt weiterarbeiteten. Diese Arbeiten werden aufgehängt und können während der Ausstellung in einer separaten Ecke präsentiert werden.

Hinweis zum blauen Vogel: Es empfiehlt sich, diesen Vogel an zwei Tagen fertigzustellen. Wegen der Trockenzeit von Kleisterpapier und Farbe ist es günstig, den Vogelkörper (Ei) schon vorher zu modellieren und am Projekttag weiterzugestalten oder die farbige Ausgestaltung auf eine andere Kunststunde zu verschieben.

Fertige Objekte werden im Nebenraum oder auf der Fensterbank platziert und beschriftet mit erfundenen Namen für die Paradiesvögel und mit den Namen der Kinder der Partnergruppe.

Auswertungsphase

Der Projekttag endet im Sitzhalbkreis. Die Kinder berichten von ihrer Zusammenarbeit und stellen als Partnergruppe jeweils ein Vogelobjekt mit Namen vor. Anschließend betrachten die Kinder noch eine Abbildung der Werkstatt von Alexander Calder auf Folie (s. S. 73). Zum Abschluss trägt ein älterer Schüler das Gedicht von Christian Morgenstern vor (s. Stationskarte 4, S. 69). Drei jüngere Schüler sitzen im Kreis und spielen die drei Spatzen zum Gedichtvortrag.

Nachtrag

Ich bedanke mich sehr bei meiner Kollegin Helga Schumacher, die mit mir zusammen diesen Projekttag durchgeführt und gute Ideen beigesteuert hat.

Station 1

Drahtvogel

Material:

- Drahtbügel
- Gold-, Silber- oder Alufolie
- Eisen-, Gold- oder Silberdraht
- kleine Metallteile, Knöpfe etc.
- weißer Biegeplüsch (Pfeifenputzer)
- Topfreiniger aus Metallfäden

So könnt ihr arbeiten:

1. Biegt aus dem Draht einen Vogel.
2. Gebt dem Vogel Flügel, Kopf, Beine ...

Station 2

Blauer Vogel

Material:

- Zeitungspapier
- Packseide
- Kleister
- Klebeband
- blaue Farbe
- blaue Federn
- Kronkorken, Knöpfe, Metallscheiben ...

Werkzeug:

- Pinsel, Scheren, Klebstifte

So könnt ihr arbeiten:

Zieht euch Malkittel an und deckt euren Arbeitsplatz ab.

1. Formt aus dem Zeitungspapier einen Vogelkörper (wie ein Ei), fixiert eventuell mit Klebeband.
2. Reißt die Packseide (Seidenpapier) in Streifen.
3. Verkleidet das Ei mit der Packseide und Kleister.
4. Lasst euren Vogelkörper trocknen.
5. Malt ihn blau an.
6. Lasst ihn wieder trocknen.
7. Verziert euren Vogel mit blauen Federn.
8. Schneidet aus bunter Pappe einen Schnabel aus und klebt ihn an.
9. Gebt eurem Vogel Augen.

Station 3

Bunter Flaschenvogel

Material:

- Haushaltsflaschen
- Schachteln
- Topfreinigerschwämme
- Schwämme
- Schwammtücher
- Moosgummireste
- Schleifenband
- Biegeplüsch (Pfeifenputzer)
- Obstnetze

Werkzeug:

- Scheren, Kleber, eventuell Klebepistole

So könnt ihr arbeiten:

1. Sucht euch eine Flasche. Sie wird euer Vogelkörper.
2. Macht eurem Vogel aus den anderen Materialien Kopf, Flügel, Beine, Füße ...

Station 4

Die drei Spatzen

In einem leeren Haselstrauch,
da sitzen drei Spatzen, Bauch an Bauch.

Der Erich rechts und links der Franz
und mittendrin der freche Hans.

Sie haben die Augen zu, ganz zu,
und obendrüber, da schneit es, hu!

Sie rücken zusammen dicht, ganz dicht.
So warm wie der Hans hat's niemand nicht.

Sie hör'n alle drei ihrer Herzleins Gepoch.
Und wenn sie nicht weg sind, so sitzen sie noch.

Christian Morgenstern

Aufgabe:
Lies das Gedicht so, dass du es uns vorlesen kannst.

Station 5

„Vögel“ von Franz Marc

Material:
- Bild von Franz Marc: Vögel, 1914
- Ausmalbild groß oder klein
- Buntstifte oder Filzstifte

Aufgabe:
Schaut euch das Bild von Franz Marc an.
Welche Farben hat er genommen?
Malt euer Bild auch ganz bunt aus.
Die Vögel soll man gut erkennen können.

Station 6

Bunter Vogeldruck

Material:
- Kopierfolie oder Acrylplatte
- Cromarfarben in Rot, Gelb, Blau
- Pinsel
- weißes Papier
- Teigrolle

So könnt ihr arbeiten:

1. Malt einen Vogel von der Seite auf die Platte oder Folie in Rot, Gelb und Blau.
2. Legt ein weißes Papier auf euren Vogel.
3. Rollt mit der Teigrolle vorsichtig über das Blatt.
4. Zieht das Blatt langsam ab und lasst es trocknen.
5. Wiederholt Schritte 2 bis 4 noch einmal.

Station 9

„Le Coq“ von Alexander Calder

Material:
- Schreibpapier
- Stift

Aufgabe:
Erfindet zu diesem Vogel eine kleine Geschichte.
Wo fliegt er hin?

Station 8

„Vogel oder Mond“? Plastik von Joan Miró

Aufgabe:
Erfindet einen Namen für die Figur.

Alexander Calder: Le Coq, 1972

Alexander Calder in seinem Atelier

3.3 Paradiesgarten – Leinwände arbeitsteilig bemalen und den „Lebensraum" Vogelparadies gestalten

Material

„Vogel-Begegnung" von Paul Klee auf Folie (s. S. 77), Overheadprojektor, Leinwände oder Stoffbahnen ca. 50 cm x 200 cm, Borstenpinsel, Schulmalfarben, Schraubdeckel oder Plastikteller, Haushaltsschwämmchen, eventuell dünne Holzleisten und Nägel zum Befestigen der Leinwand, Arbeitskärtchen (s. S. 76)

Ziel der Stunde

Die Schüler sollen im Rahmen von Wochenplanaufgaben jeweils einen Vogel für das Wandbild auf eine Leinwand malen und Teile des Vogelparadieses wie Äste, Zweige und Blätter gestalten.

Begründung des Themas und Intention

Zaubervögel und Paradiesvögel sollen beheimatet werden im Paradiesgarten. Die bemalten Leinwände werden die Klassenraumtür zieren und so den Eingang zum Vogelparadies bilden. Im Klassenraum soll die Ausstellung der Zaubervögel und Paradiesvögel stattfinden, die den Eltern und anderen Schülern der Schule präsentiert werden. Durch die Leinwände wird der Eingang zur Ausstellung markiert.

Bei der Gestaltung der Leinwände sollen die Kinder Lernerfahrungen umsetzen, neue Perspektiven zeichnen und in einer arbeitsteiligen Gemeinschaftsaufgabe ihre Lernumgebung verschönern, um ihre Werke wie in einer Ausstellung präsentieren zu können. Die Kinder erhalten verschiedene Aufgaben, arbeiten arbeitsteilig und ergänzen einander. Das Gesamtkunstwerk wird als Wandgestaltung zur Dekoration eingesetzt. Die Kinder gestalten auf diese Weise ihre eigene Lebenswelt aktiv mit.

Folgende Arbeitsschritte sind nötig:

1. Der Hintergrund wird mit Schwämmen in wässriger blauer Farbe gemalt (Aufgabenkärtchen 1).
2. Jedes Kind malt einen Vogel für das Vogelparadies.
3. Äste und Zweige, auf denen die Vögel sitzen können, werden gezeichnet (Aufgabenkärtchen 2).
4. Blattformen werden aus Schwämmen ausgeschnitten und Blätter werden gedruckt (Aufgabenkärtchen 3). Die Stoffbahnen aus Leinen können mithilfe von dünnen Holzleisten als Rahmen und mit Nägeln an der Wand befestigt werden.

Zum Künstler und zum Kunstwerk

Paul Klee wurde 1879 in Münchenbuchsee geboren. Schon als Kind musizierte und zeichnete er gern. Nach dem Abitur konnte er sich nur schwer entscheiden, ob er Musiker oder Maler werden sollte. Er ging nach München und ließ sich dort zum Maler ausbilden. Mit seinen Malerfreunden gründete er dort die Künstlervereinigung „Der blaue Reiter". Ab 1920 wurde er Lehrer am Bauhaus in Weimar und Dessau. Im Jahr 1931 wurde Klee Professor an der Kunstakademie in Düsseldorf. 1933 wurde er entlassen und seine Bilder wurden als „entartete Kunst" beschimpft. Klee ging zurück in die Schweiz, nach Bern. 1937 erkrankte er schwer, malte aber 1939 noch 1253 Bilder. 1940 starb er in Muralto, Schweiz. Sein gesamtes Werk, das Paul Klee genau katalogisierte, umfasst mehr als 9000 Bilder.

Aufbau der Stunde

Einstiegsphase

Als Einstieg in diese Aufgabe des Wochenplans wird den Kindern das Bild „Vogel-Begegnung" von Paul Klee als Folie (s. S. 77) präsentiert. Hier werden zwei stehende Vögel hervorgehoben, die in vereinfachter, abstrahierter Form dargestellt sind. Sie stehen nicht auf festem Boden, sondern scheinen zu schweben in einer Umgebung, die nur mit Farbflächen und Formen angedeutet ist. Die Vögel stehen einander gegenüber und scheinen sich zu unterhalten, was durch den geöffneten Schnabel des einen Vogels angedeutet wird. Im Rahmen des Wochenplans wird die Gestaltungsaufgabe „Male einen bunten Vogel für unser Vogelparadies" erläutert. Aufgabenkarten (s. S. 76) mit den Zusatzaufgaben 1, 2, 3 dürfen gezogen werden oder werden verteilt.

Erarbeitungsphase

Zuerst arbeiten die Kinder, die eine Aufgabenkarte 1 für die Gestaltung des Himmels gezogen haben. Dann werden die Vögel gemalt. Hier können zwei bis drei Kinder gleichzeitig malen, bevor nach dem Trocknen der Vögel die Aufgaben der Karten 2, die Äste und Zweige zu malen, und die Aufgaben der Karte 3, Blätter zu drucken, in Angriff genommen werden.

Durchführungsphase

Eine Leinwand können 10 bis 15 Kinder gestalten. Die Leinwand sollte möglichst während der gesamten Arbeitszeit auf zwei Schülertischen liegen. Regeln für die Einrichtung des Arbeitsplatzes sollten vorher bekannt sein.

Auswertungsphase

Die Kinder betrachten die Leinwände bzw. Stoffbahnen gemeinsam. Am Ende jedes Tages werden im Abschlusskreis die Fortschritte begutachtet und die nächsten Schritte besprochen. Ist das Gesamtwerk fertiggestellt, wird ein Foto mit allen Kindern hinter der Leinwand gemacht, bevor sie evtl. vom Hausmeister mit dünnen Leisten an der Klassentür befestigt wird.

Hintergrund mit Schwämmen in wässriger blauer Farbe malen.	Äste und Zweige zeichnen, auf denen Vögel sitzen können.	Blattformen aus Schwämmen ausschneiden und Blätter drucken.
Hintergrund mit Schwämmen in wässriger blauer Farbe malen.	Äste und Zweige zeichnen, auf denen Vögel sitzen können.	Blattformen aus Schwämmen ausschneiden und Blätter drucken.
Hintergrund mit Schwämmen in wässriger blauer Farbe malen.	Äste und Zweige zeichnen, auf denen Vögel sitzen können.	Blattformen aus Schwämmen ausschneiden und Blätter drucken.
Hintergrund mit Schwämmen in wässriger blauer Farbe malen.	Äste und Zweige zeichnen, auf denen Vögel sitzen können.	Blattformen aus Schwämmen ausschneiden und Blätter drucken.
Hintergrund mit Schwämmen in wässriger blauer Farbe malen.	Äste und Zweige zeichnen, auf denen Vögel sitzen können.	Blattformen aus Schwämmen ausschneiden und Blätter drucken.

Paul Klee: Vogel-Begegnung, 1918

3.4 Paradiesvögel im Vogelparadies – Eine Ausstellung der Objekte planen und durchführen

Material

Paradiesvögel nach thematischen Gruppen „Zaubervögel, blaue Vögel, Flaschenvögel, Drahtvögel" geordnet, Namensschilder, Einladungen, Folien, Samtdecken, „Vogelhausstadt" von Lis Blunier als Folie (s. S. 81), Overheadprojektor, Bauplan Vogelhaus als Kopien (s. S. 80)

Begründung des Themas und Intention

Als letzte Aktion der Unterrichtsreihe sollen alle Kunstwerke präsentiert werden. Die Kinder berichten über die Arbeit an den Bildern und Vogelobjekten und erfahren durch die Anerkennung der Eltern und anderer Besucher eine wichtige Wertschätzung ihrer Arbeit. Ein Schild an der Klassentür „Herzlich willkommen im Vogelparadies" lädt zur Kunstausstellung ein. Die Kunstwerke der Kinder werden im Klassenraum oder in einem anderen geeigneten Raum präsentiert und die Paradiesvögel nach thematischen Gruppen „Zaubervögel, blaue Vögel, Flaschenvögel, Drahtvögel" zusammengestellt. Man sollte möglichst Namensschilder der Kinder zu den Objekten stellen, um sie so besser als eigene Werke identifizieren zu können, da sich einige Vögel doch ein wenig ähneln. Die Werke werden auf Samtdecken ausgestellt. Auf einem Schild steht der Titel der Objektgruppe. Die sorgfältige Präsentation erscheint besonders wichtig, um die Arbeiten der Kinder wie in einer „richtigen" Ausstellung wertzuschätzen.

Verbunden wurde die Einladung zur Ausstellung mit einem gemeinsamen Frühstück mit den Eltern, nachdem die Kinder die Eltern durch die Ausstellung geführt und zu den einzelnen Vögeln erzählt hatten. Ziel der Ausstellung und der Präsentation ist es, die eigene Wahrnehmung zusammenzutragen, zu den Kunstwerken zu erzählen. Dabei sollen die Kinder ihre Arbeit reflektieren, fremde Betrachtungsweisen akzeptieren lernen und Wertschätzung durch das Interesse an ihren Werken erfahren, was besonders für jüngere Schüler einen wichtigen Stellenwert haben kann und so ihr Selbstwertgefühl stärkt.

Um die Ausstellung ranken sich neben der gemeinsamen Betrachtung der Ausstellung durch Eltern und Kinder gemeinsame Aktivitäten. So sollen die Kinder mit ihren Eltern nach der Ausstellung frühstücken. Das Frühstück kann auch gut von den Eltern vorbereitet werden. Den Abschluss des Vormittags bildet eine gemeinsame Kunstaktion. Eltern und Kinder gestalten in Anlehnung an Lis Blunier ein Vogelhaus aus einem vorgefertigten Arbeitsblatt (s. S. 80). Es wird ausgeschnitten, zu einem Vogelhaus zusammengebaut und gestaltet: beklebt, bemalt, gezeichnet ...

Zur Künstlerin und zum Kunstwerk

Die 1959 in Bern geborene Künstlerin Lis Blunier lebt und arbeitet in Berlin. Sie ist als Malerin, Fotografin und Bildhauerin tätig. Mit ihrer Installation „Vogelhausstadt" fordert sie zum aktiven Mitmachen auf. Die Künstlerin stellt einen vorgefertigten Grundbaustein für ein Vogelhaus zur Verfügung (s. S. 80). Aus diesem „Bastelbogen" soll individuell ein Vogelhaus gestaltet werden, in das Wünsche, Sehnsüchte, Träume, Bilder hineingelegt oder eingearbeitet werden können. Danach können die Vogelhäuser zu einem eigenen Vogelhausensemble, einer Vogelhausstadt, zusammengestellt oder an die Künstlerin zurückgeschickt werden. Aus diesen Vogelhäusern entsteht eine Vogelhausstadt, in der die einzelnen Vogelhäuser an Fäden im Raum installiert werden. Diese ist als interaktive Wanderausstellung konzipiert und wird ständig erweitert. Die Vogelhausstadt von Lis Blunier kann so ergänzt werden oder als imaginäre „Flugbahn" Verbindungen zwischen einzelnen Ausstellungsorten darstellen. Eine Dokumentation der Klassenausstellung kann an die Künstlerin geschickt werden, damit auf diese Weise ein Netzwerk von Vogelhausstädten entstehen kann.

Lis Bluniers Objekte gehen von der Tradition der Minimal Art aus und sind oft zu einer wand- oder raumfüllenden Komposition zusammengestellt. Sie entfalten durch die Reihung ein Spiel der Variationen und Gegensätze.

Durchführung

Die Kunstausstellung ist für Eltern und Kinder ein guter Anlass, die Arbeiten der Schülerinnen und Schüler kennenzulernen. Die Eltern werden von den Kindern herumgeführt und die Kinder erzählen, wie sie die verschiedenen Vögel hergestellt haben. Dann berichtet die Lehrerin/der Lehrer anhand einiger Folien aus der Unterrichtsreihe vom gesamten Projekt, die Kinder ergänzen einige wichtige Details, bevor Eltern und Kinder vielleicht ein gemeinsames Frühstück einnehmen. Eine gemeinsame Kunstaktion sollte den Ausstellungstag abschließen: Anhand einer Folie stellt die Lehrerin/der Lehrer die Vogelhausstadt von Lis Blunier (s. S. 81) am Overheadprojektor vor. Die Kinder beschreiben die verschiedenen Vogelhäuser. Aus vorgefertigten Grundbausteinen (s. Arbeitsblatt „Grundbaustein für ein Vogelhaus“, S. 80) können die Eltern und Kinder gemeinsam ein Vogelhaus ausschneiden, zusammenbauen und nach eigenen Vorstellungen gestalten: weiterbauen, anmalen, bekleben, zeichne ... Analog zur der Ausstellung von Lis Blunier könnte man auch ein Ensemble von Vogelhäusern als „Vogelhausstadt“ zusammenstellen und in der Klasse aufhängen oder diese kleinen Kunstwerke insgesamt oder als Foto an die Künstlerin in die „Vogelhausstadt“ weiterleiten.

Literatur

Gilot, Francoise/Lake, Charlton: Leben mit Picasso, 1981

Hietkamp, Eveline: Kunst erleben – Kunst begreifen, Berlin 1998, S. 234

Hüsam, Ellen: Schräge und andere Vögel, in: Grundschule Kunst 20/2005, S. 8–12

Kirchner, Constanze/Kirschenmann, Johannes: Natur und Tiere in der Kunst, Seelze 1997

Reichert-Maja, Elisabeth/Siebelt, Gerda: Pablo Picasso. Eine Botschaft an die Kinder, Münster 2000

Rümelin, Christian: Paul Klee – Kunststücke der Tiere, München 2002

Internetadressen

www.blunier.de (Lis Blunier)
www.vogelhausstadt.de
www.kettererkunst.de

Lieber ________, liebe ________,

wir haben in der Schule tolle Vögel gebastelt und wollen sie euch zeigen. Daher laden wir in unsere Kunstausstellung

am _______ um ___________ ein.

Kommst du?

Ja ◯ Nein ◯

Dein(e) __________

undbaustein

zum Bauen eines Vogelhauses auf Karton DIN A4 für die „Vogelhausstadt"

mit Cutter oder Schere ausschneiden

vor dem Kleben mit Messer einritzen und umknicken

A = Aufhängung:
von hinten mit Stecknadel
2 Löcher durchstechen, starken Faden oder Schnur durchziehen, kleine Schlaufe lassen und festknoten

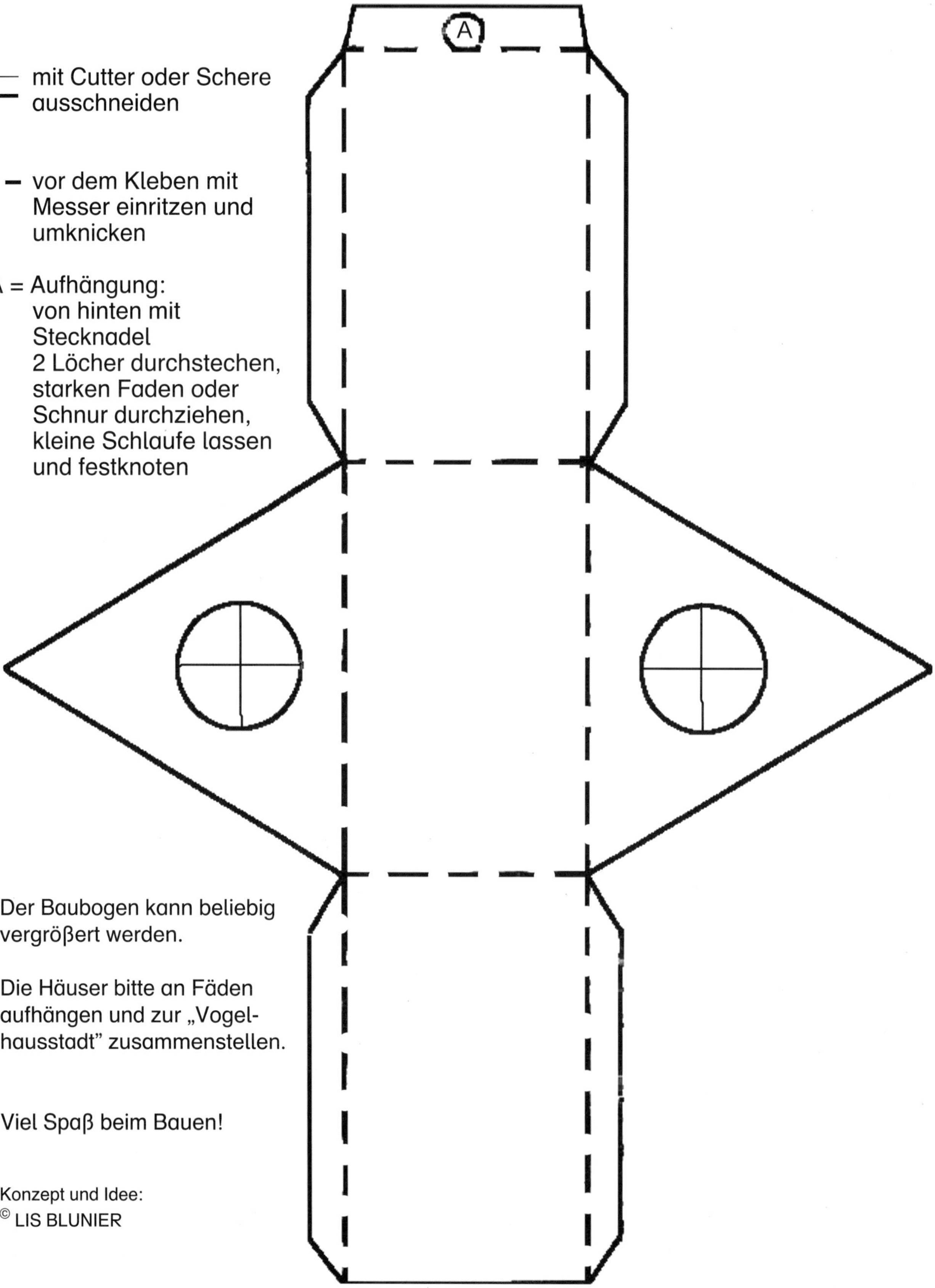

Der Baubogen kann beliebig vergrößert werden.

Die Häuser bitte an Fäden aufhängen und zur „Vogelhausstadt" zusammenstellen.

Viel Spaß beim Bauen!

Konzept und Idee:
© LIS BLUNIER

Lis Blunier: Die Vogelhausstadt, 2006

4 Alles wird blau!

Thema und Intention

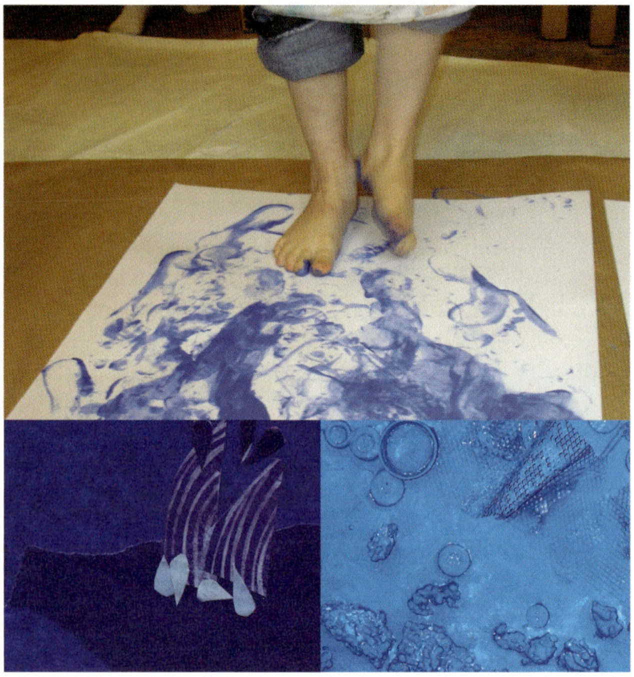

Gerade in der heutigen Zeit der Medienüberflutung, in der Kinder tagtäglich Unmengen von Farbreizen ausgesetzt sind, bieten die einfarbigen Bilder von Yves Klein eine völlig neue Möglichkeit, mit Farben und Formen zu experimentieren. Gleichzeitig wird ein Ruhepol geschaffen, der den Kindern Raum bietet, sich auf die Gestaltung bzw. auf ihre Gedanken zu konzentrieren. Weil es anfänglich ungewohnt sein mag, ohne eine Vielzahl von Tönen auszukommen, wird von daher ein besonderer Schwerpunkt auf die Bedeutung der Farbe gelegt. Die Schülerinnen und Schüler werden dazu aufgefordert, sich mit einer einzigen Farbe, nämlich Ultramarinblau, auseinanderzusetzen und sich auf diese zu konzentrieren. Dieses Blau setzen sie auf die verschiedenste Weise in Szene, wobei während der Gestaltung unterschiedliche Techniken, wie z.B. das Collagieren oder das plastische Gestalten, ausprobiert und erlernt werden. Die Kinder arbeiten somit im zwei-, aber auch im dreidimensionalen Bereich. Hierbei werden die Kreativität und das räumliche Vorstellungsvermögen sowohl angeregt als auch gefördert und gefestigt. Zusätzlich ist ein Rezept zum Mischen einer Ei-Temperafarbe beigefügt (s. S. 88), das je nach Bedarf eingesetzt werden kann.

Yves Klein gestaltete Assemblagen, Figuren und Formen sowie Körperabdrücke, Schwammreliefs, Skulpturen, Gipsabdrücke und Feuerbilder. Ein breites Spektrum also, um Kunst erfassbar und lebendig werden zu lassen. Die Kinder bekommen in dieser Einheit einen Einblick in die Vielseitigkeit der Ausdrucksmöglichkeiten, da sie unterschiedliche Techniken (Collage, Assemblage, Skulptur und Aktionskunst) kennenlernen. Die Interpretationen von Yves Klein laden zu einer großflächigen Präsentation ein. Diese können einmal visuell, aber auch gedanklich – in Form einer Geschichte – umgesetzt werden. Was passiert mit den tänzelnden Figuren (Körperabdrücken)? Figuren aus Pappmaschee werden lebendig und die planetarischen Landschaften laden dazu ein, fantastische Geschichten zu erfinden, die z. B. optimal in den Deutschunterricht integriert werden können.

Informationen zur Unterrichtsreihe

Ziel der Reihe	Die Konzentration auf das Einfache steht im Vordergrund. Der bewusste Umgang mit einer Farbe und diese innerhalb der verschiedenen Techniken einzubringen bzw. sie spannend wiederzugeben, sollen Hauptmerkmale sein. Anhand der intensiven Betrachtung des Werkes von Yves Klein lernen die Kinder neue Möglichkeiten und Techniken kennen, Kunst zu erfahren und zu entdecken.
Aufbau der Reihe	• **Eine blaue Symphonie –** Yves Klein kennenlernen und eine Blauton-Collage herstellen (Doppelstunde) • **Eintauchen in die Tiefen des Meeres** – Eine Fantasiereise fortführen und eine Unterwasserlandschaft als Assemblage gestalten (2 Doppelstunden) • **Figur im Raum –** Schwammskulpturen herstellen (3 Stunden) • **Fit wie ein Handabdruck** – Ein Happening inszenieren und mit Fuß- und Handabdrücken vor Publikum ein Gesamtkunstwerk schaffen (Doppelstunde)

4.1 Eine blaue Symphonie – Yves Klein kennenlernen und eine Blauton-Collage herstellen

Material

Arbeitsblatt „Wer war eigentlich Yves Klein?“ (s. S. 86), Vorlesetext „Der heilige Stein“ (s. S. 87), blaue Materialien (Zeitungen, Kataloge, Magazine oder Stoffreste, Verpackungen sowie blaue Ton-, Transparent-, Bunt- oder Seidenpapiere)
Für jedes Kind: Papier (DIN A4) und blauer Karton (DIN A3), Bleistift, Klebestift, Schere, evtl. Deckfarben, Papier, Pinsel, Wasserglas, ggf. Rezept zum Herstellen einer Ei-Temperafarbe (s. S. 88)

Ziel der Stunde

Die Kinder sollen den Künstler Yves Klein kennenlernen. Sie beschäftigen sich bewusst mit der Farbe Blau und setzen diese innerhalb der Collage spannungsreich in Szene. Sie erfahren, dass es verschiedene Blautöne gibt bzw. dass eine Farbe viele Nuancen hat und Blau nicht gleich Blau ist. Die Kinder überlegen, wo die Farbe Blau vorkommt und benennen unterschiedliche Blautöne. Dadurch wird das Gefühl für einzelne Tonabstufungen einer Farbe geschult. Ziel ist außerdem, die vom Künstler beabsichtigte Farbwirkung durch die Verwendung seines gewählten Blautons nachzuempfinden.

Begründung des Themas und Intention

Farben nehmen bei Kindern bereits seit der frühesten Kindheit einen besonderen Raum ein. Die bewusste Auseinandersetzung mit Farbe und das Zusammenspiel der Farben und Farbtöne sind wichtige Aspekte einer Gestaltung. Verschiedene Farben werden kombiniert, sie harmonieren miteinander oder stehen in Kontrast zueinander. Die Verwendung von „nur“ einer einzigen Farbe bei der Gestaltung eines Kunstwerks bietet den Kindern einen neuen Anreiz und stellt eine Herausforderung für sie dar. Die intensive Beschäftigung mit der Farbe Blau sensibilisiert die Kinder auch in Bezug auf ihre Umwelt, indem sie z. B. nach blauen Tönen gezielt Ausschau halten. Farbe oder Formen werden bewusster wahrgenommen und das Interesse, Dingen auf den Grund zu gehen, wird angeregt, da sich die Kinder intensiv mit dem Künstler und seinem Werk bzw. mit seiner Intention auseinandersetzen.

Zum Künstler und seinem Werk

Yves Klein wurde 1928 in Frankreich geboren. Seine Eltern waren beide Künstler. Das Malen musste er nicht erst erlernen, denn, wie er selbst sagte, hat er „den Geschmack des Malens mit der Muttermilch eingesogen“. Der Konflikt seiner Eltern zwischen abstrakter und figurativer Malerei prägten Kleins Verständnis von Kunst. Er empfand die Abgrenzung einer Zeichnung als beengend. Daher machte der flächige Farbauftrag, die Leichtigkeit und die Schwerelosigkeit einen grundlegenden Bestandteil seiner Kunst aus. Klein fing schon früh an zu malen, schnell kristallisierte sich eine sehr eigene Malweise heraus. Seine Bilder waren nicht bunt, sondern einfarbig und flächig. Er malte rote Flächen, gelbe Flächen oder blaue Flächen. Die meisten Menschen fanden seine Bilder exzentrisch und unverständlich.

Als Klein nun Anfang der 50er-Jahre versuchte, seine Bilder auszustellen, wurde ihm nahegelegt, doch wenigstens eine zweite Farbe, einen Punkt oder eine Linie hinzuzufügen. Doch er lehnte ab. Klein war der festen Überzeugung, dass Farbe, auch wenn sie allein verwendet würde, etwas ausdrücken kann. Er ging sogar so weit, nur noch eine einzige Farbe zu verwenden. Diese Farbe wählte er sorgfältig aus. Es sollte eine Farbe sein, mit der er all seine Sehnsüchte und Träume erfüllen konnte – eine für ihn vollendete Farbe. Er empfand Blau als eine Vereinigung von Himmel und Erde, es ließ sogar den flachen Horizont auflösen. Aus allen Blautönen wählte Yves Klein das Ultramarinblau, denn es übte auf ihn eine Faszination aus, wie es kein anderer Farbton vermochte. Dieser Farbton stellte seiner Ansicht nach den vollkommensten Ausdruck von Blau dar. Mit diesem Ton assoziierte er Ferne, Sehnsucht und Unendlichkeit. Die Herstellung dieses speziellen Tons entpuppte sich als ein langwieriger Prozess. Wichtig war ihm die Leuchtkraft, die allerdings

beim Hinzufügen eines Bindemittels schnell verringert wurde. Nach längerem Versuchen entwickelte er zusammen mit dem Apotheker und Chemiker Adam 1956 einen vollkommenen und durchdringenden Ultramarinton, wofür die beiden ein ganzes Jahr lang experimentierten. Klein nannte sein Blau das „Internationale Klein Blau", kurz „IKB", und ließ es 1960 patentieren.
Mit IKB war es das Anliegen Yves Kleins, den Betrachter in den Bann zu ziehen, wobei dieser seine Kunst nicht mehr nur sehen, sondern wahrnehmen sollte. Der Verstand sollte bei der Betrachtung seiner Bilder völlig ausgeschaltet und nur mit Gefühl wahrgenommen werden.
1957 verkündete Klein in Paris die „Blaue Epoche". Eigens hierfür fertigte er Einladungskarten zur Ausstellungseröffnung an. Die Karten wurden sogar mit einer blauen Briefmarke verschickt. Durch die konsequente Verwendung einer einzigen Farbe erhielt Klein den Spitznamen „Yves – le monochrome" (Yves – der Einfarbige). Mit dem neu erworbenen Namen wurde er weltbekannt.
Über die Jahre unternahm Klein viele Reisen, auf denen er Kontakte knüpfte und Eindrücke sammelte.
Während einer Japanreise 1952 erklärte der Künstler die „Monochromie" zum festen Bestandteil seiner Kunst. Die Reise unternahm er, um den schwarzen Gürtel im Judo zu erhalten. Das Training war für ihn der Inbegriff für Körperbeherrschung und Selbstdisziplin. Die Basis also für seine Auseinandersetzung mit der Schwerelosigkeit und dem Gefühl für den Körper im Raum (siehe Skulptur). Dieser Ansatz faszinierte Klein und so ließ er 1957 1001 blaue Ballons vor Publikum zu seiner Ausstellungseröffnung als eine Art Luftskulptur steigen.
Mit den Schwammskulpturen kam er der Idee, mit der Schwerkraft zu spielen, auch schon etwas näher. Allerdings bewegt sich die Skulptur nicht schwerelos im Raum, sondern wird durch die Eisenstange und den Sockel sichtbar an Ort und Stelle gehalten. Später experimentierte er mit einem mit Helium gefüllten Ballon, den er im Schwamm verbarg und wo er ein Magnetteil im Sockel einbrachte. Das Gegeneinander der Kräfte machte ein Schweben über dem Boden möglich. Die Schwämme tauchten schon vorher in zahlreichen Schwammreliefs auf, die an Mond- oder Wasserlandschaften erinnern.
1958 experimentierte Klein mit „lebenden Pinseln", wobei er nackte und mit ultramarinblauer Farbe bestrichene Frauenkörper (vor Publikum) auf ein Papier abdrucken ließ. Anstoß hierfür könnten vielleicht sogar die Abdrücke gewesen sein, die der Körper beim Fall auf der Matte beim Judo hinterlässt. 1960 erschien (einmalig) die Zeitschrift „Dimanche – Le journal d´un seul jour" mit seinem „Sprung in die Leere" als Titelbild.

Hier stürzte sich Yves Klein aus einem Fenster in die Leere, um so der langwierigen Fantasie – dem Traum vom Fliegen – nachzukommen. Eine Art Selbstporträt „seines künstlerischen Universums“.
Ein weiterer wichtiger Bestandteil bei den Arbeiten von Yves Klein war das Einbeziehen des Publikums bei so genannten Happenings, einer Variante der Aktionskunst. Spontaneität und die Neugier („Was kommt am Ende dabei heraus?“) spielten stets eine wichtige Rolle. Ein spannender Ansatz für Kinder, da so einerseits ihrem Experimentiergeist, aber auch ihrem Bewegungsdrang nachgekommen wird. Sie sitzen nicht „nur“ am Tisch und malen, sondern können sich, z. B. bei der Inszenierung des Happenings (s. S. 96 ff.), frei bewegen. Auf diesem Weg kann Kunst optimal spielerisch in den Alltag mit eingebracht werden. Spontaneität und Teamgeist werden angeregt.
1962 erlitt Yves Klein einen Herzinfarkt und starb. Kurz zuvor hatte er seine große Liebe Rotraut Uekker geheiratet. Sein Sohn wurde nach seinem Tod im August geboren. Er wurde nach ihm benannt und heißt Yves Klein.

Aufbau der Stunde

Einstiegsphase

Als Einstieg in die Unterrichtsreihe zum Werk des Künstlers erhalten die Kinder zunächst das Arbeitsblatt über Yves Klein (s. S. 86). Der Text wird vorgelesen und besprochen, Fragen werden geklärt.
Nachdem die Kinder nun erfahren haben, dass es einen Maler gibt, der „nur“ mit einer Farbe gemalt hat, können sie ihre Lieblingsfarbe nennen und begründen, warum sie gerade diese so sehr mögen.
Im nächsten Schritt wird die Aufmerksamkeit der Kinder auf den blauen Farbton und dessen Bedeutung gelenkt: „Wie wirkt die Farbe Blau auf euch?“ Die Kinder erzählen, was ihnen spontan zu der Farbe Blau einfällt und welche Assoziationen sie mit der Farbe verbinden: Meer, Wasser, Himmel, Eis, Kälte etc. Danach erhalten sie Informationen über den Ultramarinblauton. Der Text „Der heilige Stein“ (s. S. 87) wird vorgelesen und Fragen dazu werden geklärt. So erhalten die Kinder auch Informationen über den geschichtlichen Hintergrund des Farbtons.

Erarbeitungsphase

Bevor nun mit der eigentlichen Aufgabe begonnen wird, werden den Kindern die Materialien vorgestellt, die ihnen zur Verfügung stehen. Optimal wäre hierbei eine Kiste, in der sich alle Materialquellen befinden. Die Kiste könnte z. B. nach und nach vor den Kinderaugen entleert werden. Dabei können Bezüge zu den zuvor besprochenen Blauassoziationen hergestellt werden (z. B. kühl = helles Transparentpapier oder geheimnisvoll = weicher, dunkler Stoff). Die Kinder kommen der Aufforderung nach, die zuvor besprochenen Blaunuancen zu visualisieren, indem sie eine Blauton-Collage zusammenstellen. Hierfür suchen sie verschiedene Blautöne aus. Entnehmen können sie die Töne z. B. aus Katalogen und Magazinen oder sie verwenden Bunt-, Seiden-, Transparent-, Tonpapiere, Stoffreste, Verpackungen. Möglich wäre auch, dass sie selbst Blautöne herstellen, indem sie Papier mit blauer Wasserfarbe, Bunt-, Wachs- oder Filzstiften anmalen. Das Rezept zur Herstellung einer Ei-Temperafarbe (s. S. 88), könnte zusätzlich mit eingebracht werden.

Durchführungsphase

Der nächste Arbeitsschritt wird erläutert. Die von den Kindern für ihre Collage ausgewählten blauen Materialien werden nun in die gewünschte Form (Dreieck, Quadrat, Kreis oder Fantasieform) zurechtgeschnitten oder -gerissen. Bevor diese endgültig auf einem separaten Blatt Papier zu einer Collage zusammengesetzt und aufgeklebt werden, sollten die Kinder die ausgewählten Einzelteile zunächst auf dem Untergrund durch Herumschieben provisorisch arrangieren. So können sie Varianten ausprobieren und erhalten ein erstes Gefühl für das Bildarrangement. Sie werden dadurch mutiger und sicherer und lernen, sich bewusst für eine Möglichkeit, also das Endergebnis, zu entscheiden (mit dem sie hinterher natürlich auch zufrieden sein sollten).
Es ist sinnvoll, dass sich die Kinder zwei Flächen – eine größere für die Collage und eine kleinere für den Lieblingsblauton – auf das Papier aufzeichnen, in die sie die Collage kleben. So schaffen sie sich einen Rahmen, der ihnen Sicherheit bietet und die Gestaltung eingrenzt.
Steht das Ergebnis fest, werden die Einzelteile mit einem Klebestift auf das Papier festgeklebt. Zusätzlich kleben die Kinder ihren persönlich schönsten Blauton auf die kleine eingezeichnete Fläche. Beide Flächen werden ausgeschnitten und auf einen blauen Karton geklebt. Der Lieblingsblauton wird nun mit einem Fantasienamen benannt. Hierbei können die Assoziationen aus der Einstiegsphase hilfreich sein. Der gewählte Fantasienname bzw. auch weitere Assoziationen werden neben die kleine Fläche mit einem blauen Stift geschrieben.

Auswertungsphase

Die entstandenen Blauton-Collagen werden im Klassenraum aufgehängt und präsentiert. Die Kinder stellen ihre Collagen vor und erläutern ihre Benennungen für die Farbtöne. Weitere Aspekte der Betrachtung können sein: Wie wirken die Blauton-Collagen auf die anderen Kinder? Wie unterscheiden sich die Collagen voneinander (jeweilige Wirkung)? Gibt es ähnlich aussehende?

Wer war eigentlich Yves Klein?

Yves Klein wurde am 28. April 1928 in Nizza (Frankreich) geboren. Seine Eltern waren beide von Beruf Künstler, daher fing er schon früh mit dem Malen an.

Aber er malte keine bunten Bilder, wie ihr es gewöhnt seid. Seine Bilder waren meistens einfarbig und bestanden aus roten, gelben oder blauen Flächen. Viele Menschen fanden seine Malweise dadurch sehr seltsam. Sie nannten ihn Yves, den Einfarbigen. Oder wie die Franzosen sagten, denn den Spitznamen erhielt er ja von ihnen: „Yves – le Monochrome".

Yves Klein malte aber nicht nur einfarbige Bilder, sondern gestaltete auch riesige fantastische Landschaften und lustige Skulpturen aus Schwämmen und erstellte gefährliche Feuerbilder, bei denen er aufpassen musste, dass er sich nicht verbrannte.

Ganz besondere Kunstwerke waren seine so genannten „Happenings". Happening ist englisch und bedeutet Ereignis. Bei einem solchen Ereignis gestaltete Yves Klein seine Kunstwerke live vor Publikum und ließ dazu klassische Musik abspielen.

Am 6. Juni 1962 starb Yves Klein an einem Herzinfarkt. Kurz zuvor, am 21. Januar, heiratete er seine große Liebe Rotraut Uekker. Sein Sohn wurde erst nach seinem Tod im August geboren. Er wurde nach ihm benannt und heißt Yves Klein.

Der heilige Stein

Ultramarin bedeutet „von jenseits des Meeres". Es ist ein dunkler leuchtender Blauton, mit dem die Menschen früher ihre Stoffe färbten und Bilder malten. Ultramarinblau galt damals als die wertvollste Malfarbe. Je leuchtender der Ultramarinton war, desto kostbarer wurde Ultramarin gehandelt.

Das Blau wurde aus dem teuren Halbedelstein Lapislazuli gewonnen, der mit Schiffen aus Asien zu uns nach Europa transportiert wurde. Daher stammt auch der Name „von jenseits des Meeres". Für die Ägypter war der Lapislazuli ein „heiliger Stein".

Um eine vermalbare Masse zu erhalten, wurde der Stein zu feinem Pulver gemahlen und mit einem Bindemittel (z. B. Leinöl oder Baumharz) vermengt. Damals hielten die Menschen Ultramarin sogar für wertvoller als Gold.

Blau war außerdem die Farbe der Götter, da der blaue Himmel sie umgibt. Einige Götter werden sogar mit blauer Haut abgebildet, wie z. B. der indische Gott Krishna. So wird einerseits ihre himmlische Herkunft unterstrichen, andererseits wird ein fast unsichtbares Umherfliegen am Himmel ermöglicht.

Rezept zum Herstellen einer Ei-Temperafarbe

Yves Klein wählte Ultramarinblau zu der Farbe, mit der er am liebsten malte. Zusammen mit dem Apotheker und Chemiker Adam entwickelte der Maler 1956 sogar einen eigenen Ultramarinton, den er »Internationales Klein Blau«, kurz: »IKB« nannte.
Für diesen speziellen Blauton mussten die beiden ein ganzes Jahr lang experimentieren.

1. Stelle deinen eigenen Ultramarinton her!
2. Male den selbst hergestellten Blauton in das Feld!

Material:

- ultramarinblaues Pigmentpulver (z. B. Künstlerbedarfsgeschäft)
- 1 Eigelb
- 1 altes Marmeladenglas mit Deckel
- 1 Löffel
- Wasser

Gib ein Ei und einen Teelöffel Pigmentpulver in das Glas.	Verrühre die Zutaten mit einem Löffel.	Gib nach und nach etwas Wasser hinzu, bis du die Farbe gut verstreichen kannst.

Da die Farben aus Fett (Ei) und Wasser bestehen, kannst du zum Verdünnen Wasser oder Öl verwenden.

4.2 Eintauchen in die Tiefen des Meeres – Eine Fantasiereise fortführen und eine Unterwasserlandschaft als Assemblage gestalten

Material

Yves Kleins Werk „IKB 3" auf Folie (s. S. 92), Overheadprojektor, Vorlesetext „Von jenseits des Meeres" (s. S. 91), festen Karton in ca. DIN-A3-Größe oder Holzplatte als Untergrund, verschiedene Materialien: Knöpfe, Netze, (Kron)Korken, Schwämme, Schrauben, Muscheln, Stöckchen, Büroklammern, Zeitungspapier (zusammengeknüllt) etc. als Strukturelemente, weiße und blaue Acrylfarbe, evtl. Vogelsand, große Pinsel oder Schwämme, Klebstoff (stark), Material zum Abdecken der Tische, Malkittel

Anmerkung: Die Kinder sollten 2–3 Tage vor der Stunde aufgefordert werden, verschiedene Materialien (s. o.) mitzubringen. Zusätzlich sollte eine kleine Auswahl für die Kinder bereitstehen (Lehrer). Wichtig ist, dass nicht zu große Gegenstände verwendet werden, da diese auf dem Grund halten müssen.

Ziel der Stunde

Eine Unterwasserlandschaft in „nur" einer Farbe zu gestalten, erfordert ein hohes Maß an Kreativität und Einfallsreichtum. In dieser Einheit liegt der Schwerpunkt der Gestaltung auf Form und Struktur. Denn aufgrund der Forderung der Einfarbigkeit fallen farbige Kennzeichnungen, wie Linien oder Flächen, sowie eventuelle Abgrenzungen der Gegenstände weg. Die Kinder sollen lernen, sich mithilfe von Strukturen und Formen auszudrücken, wodurch sie ein völlig neues Raumgefühl erfahren.
Das Illustrieren einer Geschichte anhand einer Assemblage wird erprobt. Dadurch wird das räumliche Vorstellungsvermögen angeregt und gefördert. Denn etwas, das sich im Kopf abspielt, wird zunächst in schriftlicher Form auf Papier umgesetzt und danach handwerklich wiedergegeben. Dadurch, dass die Kinder im Vorfeld über das Visualisieren nachdenken und Geplantes aufschreiben, erlernen sie außerdem, strukturiert zu arbeiten, indem sie sich eine Art Gedankengerüst erstellen und dann das zuvor Durchdachte umsetzen. Zusätzlich müssen sie sich zu bestimmten Sachverhalten Gedanken machen: „Mithilfe welcher Materialien kann ich meine Ideen am besten verwirklichen?"

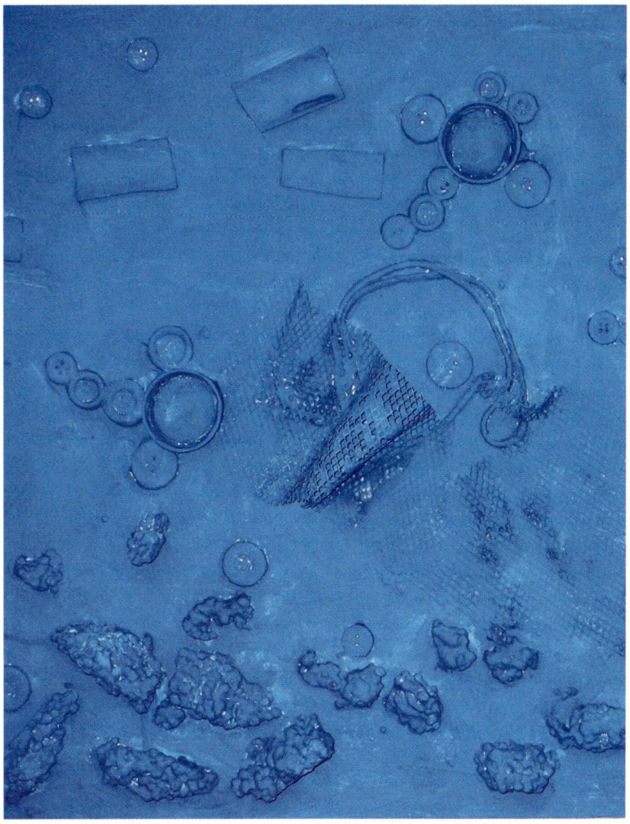

Begründung des Themas und Intention

Nachdem die Kinder sich in der vorherigen Stunde ausgiebig mit dem Künstler und den verschiedenen Blautönen beschäftigt haben, konzentrieren sie sich nun auf einen einzigen Blauton. Die Bilder von Yves Klein laden dazu ein, auf eine fantastische Reise zu gehen, in eine unbekannte Welt abzutauchen und sich treiben zu lassen. Sie regen die Vorstellungskraft der Kinder an und ermutigen sie, ihren Gedanken freien Lauf zu lassen.
Um die monochromen Bilder von Yves Klein nachempfinden zu können, ist das Erfinden einer eigenen Geschichte und das Selbstherstellen eines Bildes bzw. einer Assemblage eine gute Möglichkeit. In dieser Einheit wird ein monochromes Werk von Yves Klein in Form einer Geschichte erfahren, mit einem eigenen Text versehen und anhand einer Assemblage – ähnlich wie die Schwammreliefs von Yves Klein – nach den Vorstellungen der Kinder vollendet.
Die Schwerelosigkeit sowie der Bezug vom Körper zum Raum übten auf Yves Klein einen großen Reiz aus, da er eine Eingrenzung von Linie und Zeichnung als starke Einengung empfand.
Bei dem Bild „IKB 3" trug Yves Klein die Farbe mit einer Rolle auf, sodass bei näherer Betrachtung eine leichte

Wellenstruktur erkennbar wird. So erreichte er, dass die Farbe als solche zur Geltung kommt, da nichts sie stören und von ihr ablenken kann. Durch das Hochformat und die abgerundeten Ecken distanzierte er sein Format von dem eines klassischen Bildes, was außerdem einen weicheren Übergang von Motiv zu Hintergrund bewirkt. Zusätzlich erreichte er diesen Effekt, indem er sein Bild mit einigem Abstand von der Wand entfernt aufhing. Ein Eindruck von Schwerelosigkeit, Losgelöstheit und Leichtigkeit entsteht.

Aufbau der Stunde

Einstiegsphase

Das Kunstwerk von Yves Klein „IKB 3“ (s. S. 92) wird mittels Overheadprojektor als Anschauungsbeispiel an die Wand projiziert. Die Kinder versammeln sich vor dem Bild und die Fantasiereise „Von jenseits des Meeres“ wird vorgelesen. Die Kinder betrachten das Kunstwerk und begeben sich auf die Reise, indem sie in die „Tiefen des Meeres abtauchen“.

Durchführungsphase I

Nachdem die Kinder das Ende der Geschichte gehört haben, überlegen sie sich eine mögliche Fortsetzung der Fantasiereise „ins Blaue“. Dies kann zunächst in Form eines Klassengesprächs oder aber auch direkt in Einzelarbeit erfolgen. Die gestellte Aufgabe wird anhand eines kleinen Textes oder in Form von Stichpunkten (je nach Schreibfreudigkeit der Kinder) geschehen. Hierbei können z. B. folgende Punkte eine Rolle spielen:

- Was erlebt der Maler in den Tiefen des Meeres?
- Wer befindet sich noch da unten? (Personen, Tiere, Pflanzen)

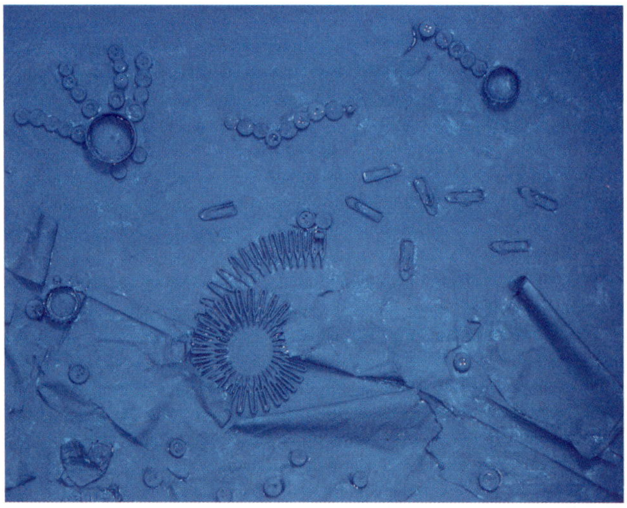

- Wie sieht es dort unten aus? (hell, dunkel, unheimlich, gespenstisch)
- Welche Formen sind zu erkennen? (runde, eckige, spitze, weiche)
- Wie riecht es? (süßlich, blumig, muffig)

Durchführungsphase II

Im nächsten Schritt gestalten die Kinder anhand ihrer zu Papier gebrachten Gedankenskizzen eine Unterwasserlandschaft. Bevor sie sich den Materialien zuwenden, decken sie die Tische ab und ziehen sich den Malkittel an. Außerdem bekommt jedes Kind einen Untergrund (entweder einen festen Karton oder eine Holzplatte), auf dem die Materialien hinterher befestigt werden. Die für die Assemblagen mitgebrachten Materialien werden auf einem separaten Tisch ausgebreitet. Die Kinder versammeln sich um den Tisch und besprechen die Strukturelemente. Hierbei nehmen sie sich ihre Gedanken, die sie zu der Fantasiereise aufgeschrieben haben, zu Hilfe. Die Kinder sollen sich nun überlegen, mit welchen Materialien sie ihre Weiterführung am besten illustrieren können. Wurden die Materialien ausgewählt, begeben die Kinder sich mit ihnen an ihren Platz zurück.
Nun können sie anfangen, die ausgewählten Strukturelemente auf dem Untergrund zu arrangieren. Sind die Kinder mit der Anordnung zufrieden, kleben sie die Elemente mit Klebstoff fest.
Nachdem jedes Kind sein Kunstwerk fertiggestellt hat und der Kleber getrocknet ist, wird das Werk mit weißer Acrylfarbe bemalt oder mit einem Schwamm betupft. Die weiße Grundierung macht die blaue Farbe später leuchtender! Der Farbauftrag ist verantwortlich für hinterher sichtbare Strukturen (z. B. Wirbel, Wellen). Der Farbe kann außerdem etwas Vogelsand beigemischt werden, dies ergibt eine schöne gekörnte Textur, ähnlich der eines erdigen Untergrundes. Ist die weiße Schicht getrocknet, wird sie mit Ultramarinblau deckend übermalt. Die Trocknungsdauer ist abhängig von der Dicke des Farbauftrags. Von daher sollte der blaue Anstrich erst in der nächsten Kunststunde erfolgen.

Auswertungsphase

Die fertigen Unterwasserlandschaften können entweder einzeln an der Wand im Klassenraum (mit etwas Abstand vom Untergrund, wie der Künstler es tat, oder als ein großes Gemeinschaftswerk in der Aula der Schule oder im Flur zum Klassenraum angebracht werden. So lassen sich die Bilder auch mit einigem Abstand gut betrachten.

Von jenseits des Meeres – Eine Fantasiereise „ins Blaue“

Yves Klein steht gedankenverloren vor seiner Leinwand. Plötzlich fängt er mit der Rolle in der Hand an, die weiße Leinwand überzurollen, bis sich eine blaue, fast glatte Fläche ausbreitet, bis kein Weiß mehr zu sehen ist. Wenn ihr euch nun ganz nah vor das Bild stellt, könnt ihr eine leichte Wellenstruktur erkennen. Diese stammt vom Auftragen der Farbe mit der Rolle. Der Maler hängt sein Bild mit einigem Abstand an die Wand. Dadurch erweckt es den Eindruck, als hätte es sich ein Stück nach vorn von ihr gelöst, so, als sei es schwerelos. Er tritt einige Schritte zurück, um sein Werk besser betrachten zu können. Das Blau auf der Leinwand leuchtet ihm entgegen. Es vermittelt ein Gefühl von Weite, da nichts – kein Gegenstand – mehr da ist, der seinen Blick stören könnte. Das Blau wirkt unendlich.

Yves Klein weiß, dass es nirgendwo einen vergleichbaren, noch schöneren Blauton gibt, der ihn so anstrahlt und so in den Bann reißt, wie dieser von ihm entwickelte. Es fällt ihm schwer, seine Augen von dem Bild zu lösen. Seine Blicke werden weit in die Tiefe gezogen. Immer weiter und immer tiefer. Und auf einmal scheint sich das Bild noch etwas mehr von der Wand zu lösen. Es kommt ihm vor, als bewege es sich auf ihn zu.

Plötzlich ertönt ein Geräusch. Ein leises Rauschen. Es riecht etwas salzig von jenseits des Meeres. Das Meer, es scheint nicht mehr weit. Die Möwen fliegen hinaus über das Meer. Blaue Wellen bewegen sich langsam vorwärts. Yves Klein ist begeistert. Die Wellen kommen auf ihn zu und werden etwas stärker. Klein nimmt Anlauf und springt hinein. Er taucht tief in das Blau ein ...

Yves Klein: IKB 3, 1960

4.3 Figur im Raum – Schwammskulpturen herstellen

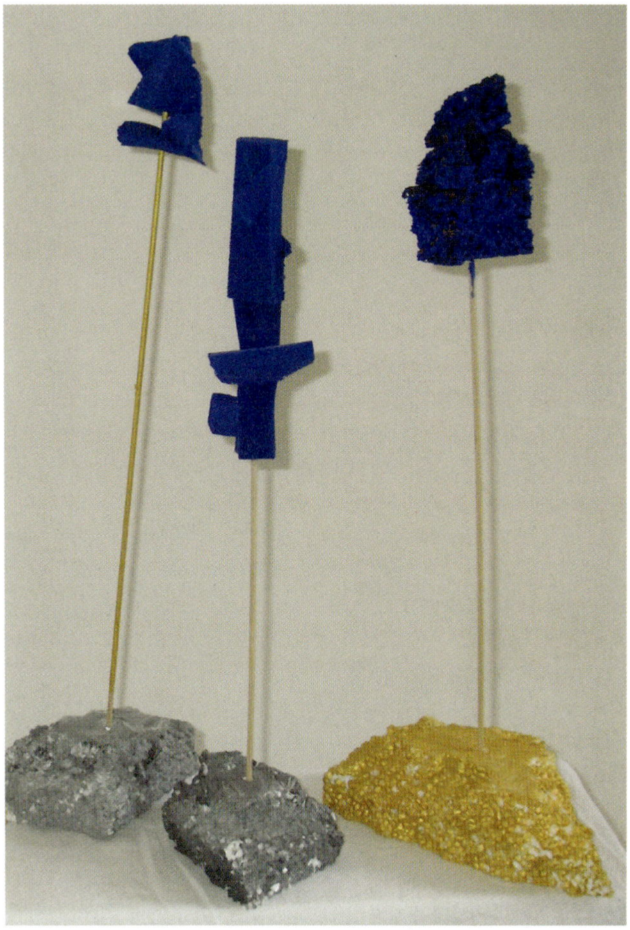

Material

Abbildung „Diverse Schwammreliefs“ von Yves Klein (s. S. 95), Overheadprojektor, ultramarinblaue, evtl. goldene, schwarze und weiße bzw. graue Acrylfarbe, Schwämme, Schälchen für Farbe, Klebstoff (stark), dünne Holzleisten (Baumarkt), große Styroporplatte (Baumarkt), Schere, Schüsseln, Material zum Abdecken der Tische, Malkittel

Anmerkung: Die Schwämme können von den Kindern mitgebracht werden, so können sie sich die gewünschte Form selbst aussuchen und werden gleichzeitig in die Materialbeschaffung miteinbezogen.
Es sollte ein Extratisch vorhanden sein, auf dem alle Materialien aufgereiht liegen, sodass sich die Kinder bedienen können.

Ziel der Stunde

Die Kinder sollen ein Gefühl für Plastizität und Raum erfahren, indem sie eine Schwammskulptur herstellen. Materialien werden intensiv gespürt, da die Kinder überwiegend mit den Händen gestalten. Das sind wichtige Aspekte, die beim Malen nicht so in den Vordergrund treten. Auch die Farbe wird anders aufgetragen als bei einer zweidimensionalen Fläche, denn die entstehende Figur wird von allen Seiten betrachtet und bemalt. Bei der Gestaltung bietet sich oft eine Kombination aus Farben und Materialien an.

Begründung des Themas und Intention

Nun wird die zuvor plastische Assemblage erweitert, indem die Gestaltung in den dreidimensionalen Bereich geht. Plastisches Gestalten ist für Kinder ein spannendes Thema, sie können ihre auf dem Papier entworfene Figur nachbauen. Das Interessante an Objekten ist ihre Dreidimensionalität, denn die Figur wird ein Teil der Realität, da sie nicht wie etwas Gemaltes auf dem Blatt stehen bleibt. Das Objekt kann von allen Seiten betrachtet und sogar haptisch begriffen werden, indem es erfassbar wird. Unterschiedliche Betrachtungsperspektiven sind möglich, indem das Objekt gedreht wird. So fügt es sich flexibel in die Umgebung ein. Dass gerade der Schwamm als Gestaltungsobjekt umfunktioniert wird, ist ein spannender Aspekt. Denn der Schwamm ist ein ständiger Begleiter innerhalb der Gestaltung Yves Kleins. Er wird dazu benutzt, Bilder bzw. Objekte mit Farbe zu versehen. Von daher ist es nur logisch, ihn in das Gesamtkunstwerk mit einzubeziehen.
Diese Einheit bedeutet eine weitere Auseinandersetzung mit den Werken und dem Künstler Yves Klein. Denn hier wird im Prinzip das, was sich zuvor noch auf der Leinwand befand, in die Dreidimensionalität übertragen.
Neben der Malerei und den Assemblagen stellte Yves Klein auch Objekte her. So entdeckte er während des Auftragens der Farbe mit dem Schwamm plötzlich die Schönheit der vollgesogenen Schwämme mit der ultramarinblauen Farbe. Die Tatsache, dass der Schwamm die Eigenschaft besitzt, alles Flüssige in sich aufzusaugen und zu speichern, faszinierte den Künstler. Von da an integrierte Yves Klein den Schwamm in seine Kunstwerke. So entstand die erste Reihe seiner berühmten Schwammreliefs. Die Idee, Schwämme als eigenständige Kunstobjekte zu präsentieren, kam Yves Klein eines Tages, als er an einem Geschäft für Kunstbedarf vorbeiging, denn im Schaufenster

sprang ihm ein riesiger Schwamm, der dort ausgestellt wurde, regelrecht entgegen. Der Inhaber und Freund schenkte ihm den Schwamm. Yves Klein durchtränkte diesen mit ultramarinblauer Farbe, steckte ihn auf eine Metallstange, die an einem Steinfuß befestigt war, und seine erste Schwammskulptur entstand.

Aufbau der Stunde

Einstiegsphase

Zu Beginn der Stunde wird den Kindern die Abbildung „Diverse Schwammreliefs“ von Yves Klein (s. S. 95) als Anschauungsbeispiel im Buch oder mittels Overheadprojektor auf Folie präsentiert. Die Kinder äußern ihre Assoziationen: „An was erinnert euch diese Skulptur?“ – z. B. Bäume, Wolken, Tiere.
Anschließend stellen sie Vermutungen an und versuchen, der Intention von Yves Klein auf die Spur zu kommen: „Warum hat der Künstler einen Schwamm umfunktioniert und nicht einen anderen Gegenstand?“ Die Eigenschaft des Schwammes, also die Kraft, alles Flüssige aufzusaugen und zu speichern, wird besprochen.

Erarbeitungsphase

In dem Gespräch wird nun gemeinsam überlegt, welche gestalterischen Möglichkeiten denkbar sind, z. B. kann die Figur breiter oder schmaler, höher oder gedrungener ausfallen. Die Kinder holen ihre Schwämme hervor und betrachten sie. Welche Formen könnten nun aus den mitgebrachten Schwämmen entstehen? Mit der Schere oder den Fingern werden die Schwämme bearbeitet oder in ihre Einzelteile zerlegt, um sie hinterher wieder zusammenzufügen. Die Kinder können große, aber auch ganz kleine Schwammskulpturen gestalten.
Bevor sie aber mit der Umsetzung beginnen, sollten sie eine Skizze anfertigen, da diese bei der Planung hilfreich ist. Die Kinder können dabei verschiedene Varianten probieren. Die fertigen Skizzen werden blau ausgemalt, die Struktur des Schwammes kann z. B. nachempfunden werden, indem mit Wasserfarben und Pinsel (oder mit einem kleinen Schwamm) die Farbe aufgetupft wird.

Durchführungsphase

Ist die Vorbereitung abgeschlossen, ziehen sich die Kinder Malkittel an und decken die Tische ab. Schälchen werden mit blauer Farbe gefüllt. Die Kinder haben ihre Skizzen offen vor sich liegen, sodass sie immer darauf schauen können. Sie legen ihre Schwämme vor sich an ihren Platz und wählen sich die für ihre Skulptur geeigneten Schwämme aus. Die Schwammstücke werden nun blau gefärbt, indem sie in die Schale mit Farbe getunkt und ausgewrungen werden. Zum Trocknen werden sie (im Idealfall auf der Heizung) auf Zeitungspapier ausgelegt. Die Trocknungsdauer beträgt je nach Größe des Schwammstücks einige Zeit, sodass die Skulptur erst nach ca. einer Stunde oder in der nächsten Kunststunde weiter bearbeitet werden kann.
In der Zwischenzeit kann der Sockel vorbereitet werden. Hierfür wird aus der Styroporplatte für jedes Kind ein Stück mit der Hand herausgebrochen. Die Größe kann individuell abgestimmt werden. Das Styroporstück wird von den Kindern nach Wunsch in Form gebracht, indem kleine Stücke abgebrochen werden. Die abgebrochen Stückchen, können wieder auf den „Stein“ (als kleine Steinchen) aufgeklebt werden. Der fertige Sockel wird farbig bemalt, entweder in Grau, sodass er wie ein Stein aussieht, oder in Gold, so sieht er aus wie ein Goldklumpen. Anstelle von grauer Farbe ist ein gemischter Grauton aus Weiß und Schwarz schöner, denn hier können „farbige“ Unregelmäßigkeiten innerhalb der Struktur erzielt werden, sodass der „Stein“ lebendiger erscheint.
Der Holzstab kann einfach mit der Hand gebrochen werden, so kann auch hier jedes Kind einen individuell langen Stab erhalten. Ist der Sockel getrocknet, wird der Stab einfach in die gewünschte Stelle hineingesteckt bzw. -gebohrt.
Sind die Schwammteile getrocknet, werden sie zusammengeklebt. Eine andere Möglichkeit ist, die Schwammteile nur übereinander auf die Stange aufzuspießen. So entsteht eine längliche Skulptur und es wird kein Kleber benötigt. Das geklebte Schwammteil sollte ab und zu vorsichtig hochgehalten und von allen Seiten betracht werden. Denn der Gesamteindruck ist wichtig, um die Figur beurteilen zu können. Ist das Schwammobjekt fertig, wird es so hingelegt, dass kein Teil abrutschen kann. Die Trocknungsdauer hängt vom Klebstoff ab. Ist der Klebstoff aber einigermaßen fest, kann das Schwammteil aufgesteckt werden. Zum Aufstecken wird – wie bei der Skulptur ohne Klebstoff – vorgegangen. Doch sollte die geklebte Skulptur etwas vorsichtiger behandelt werden, damit sich die einzelnen Teile nicht lösen.

Auswertungsphase

Die verschiedenen Skulpturen werden am besten innerhalb einer weißen Umgebung auf Tischen arrangiert und präsentiert.
Sie werden betrachtet und Unterschiede sowie Gemeinsamkeiten besprochen. Die Kinder können aber auch frei zu den Skulpturen erzählen.

Yves Klein: Diverse Schwammreliefs, 1960–1962

4.4 Fit wie ein Handabdruck – Ein Happening inszenieren und mit Fuß- und Handabdrücken auf großformatigem Papier vor Publikum ein Gesamtkunstwerk schaffen

Material

Abbildung „Ohne Titel (ANT 105)" von Yves Klein auf Folie (s. S. 99), Overheadprojektor, blaue Farbe, große feste Papiere (mindestens DIN A1), Pinsel oder Schwamm, Schüsseln für Farbe, Eimer oder große Schüssel mit Wasser, alte Handtücher, CD-Player und CD, Folie zum Abdecken des Bodens, Klebeband, Schere, Malkittel

Anmerkung: Die Musik sollte mit den Kindern abgestimmt werden. Etwas Klassisches eignet sich aufgrund der Dramatik besonders gut. Allerdings ist dies vielleicht nicht immer das Richtige für die Kinder. Es könnten z. B. vom Lehrer verschiedene Musikstücke vorgestellt und von den Kindern eines ausgewählt werden.

Ziel der Stunde

Das Körpergefühl wird geschult. Zusätzlich erfahren die Kinder, dass sie auch mit „wenigen" Materialien und Mitteln ein gemeinsames Kunstwerk herstellen können.
Sie erleben das Material hautnah und bekommen ein neues Distanzgefühl zu Farbe und Untergrund. Denn im Gegensatz zum Farbauftrag mit dem Pinsel fällt hier die Verwendung eines Werkzeuges weg. Der Auftrag geschieht direkt auf dem Untergrund und das Material (Farbe/Papier) wird gespürt.
Das Happening fördert einmal das Sozialverhalten, denn die Kinder müssen sich untereinander absprechen und miteinander arbeiten, zum anderen wird das Agieren vor Publikum erprobt.

Begründung des Themas und Intention

Bei dieser Einheit wird zwar wieder zweidimensional gearbeitet, doch kommt, neben dem herkömmlichen Malablauf, der Bewegungsaspekt hinzu, der bei Yves Klein einen großen Spielraum eingenommen hat. Auf mehreren Großformaten werden Fuß- und Handabdrücke nach Anweisungen der Kinder, zu Musik und vor Publikum, zu einem Gesamtkunstwerk arrangiert. Drucken ist eine interessante Gestaltungsmöglichkeit, denn die Abdrücke sind sehr eindrucksvoll und faszinierend, da die „Druckvorlage" – Person oder Gegenstand – auch nach dem Druckvorgang auf dem Papier erhalten bleibt, obwohl die Vorlage längst nicht mehr da ist. Der Abdruck hält den Augenblick fest und bleibt in der Zukunft bestehen. Ein anderes wichtiges Merkmal eines Abdrucks ist die Individualität. Auch wenn die Druckvorlage stets dieselbe ist, wird der Abdruck immer anders ausfallen. Es ist unmöglich, Druck und Farbauftrag ein zweites Mal identisch nachzuempfinden. Außerdem spielen Zufall und die kreative Freiheit bzw. Möglichkeit bei einem Abdruck eine wichtige Rolle, denn wie bei kaum einer anderen Technik lässt sich das Ergebnis nur vage voraussehen, was der Spontaneität und der Weiterverarbeitung großen Spielraum lässt. Somit findet das Abdrücken, z. B. von Körperteilen, einen idealen Platz innerhalb der Aktionskunst. Yves Klein meinte einmal, dass er Kunst macht, ohne körperlich mitarbeiten zu müssen. Er war nur für das Dirigieren der Frauen und das Organisieren des Happenings zuständig. Hierfür gab er den mit blauer Farbe bestrichenen Modellen genaue Anweisungen, wie sie ihren Körper abdrucken sollten. Er selbst benannte sie als „lebende Pinsel".
Yves Klein war fasziniert von Rumpf und Oberschenkeln des Körpers, daher waren dies die Körperteile, die er abdrucken ließ.

Aufbau der Stunde

Einstiegsphase

Das Kunstwerk von Yves Klein „Ohne Titel (ANT 105)“ auf Folie (s. S. 99) wird den Kindern als Anschauungsbeispiel dargeboten. Die Kinder äußern sich spontan zu dem Bild. Sie erfahren, dass es im Rahmen eines Happenings entstanden ist und die Lehrerin/der Lehrer erläutert kurz den Begriff Happening. Nun sammeln die Kinder Ideen für eigene Happenings und diskutieren diese.

Der Verlauf der Einheit wird besprochen und es wird genauer festgelegt, in welcher Form bzw. vor wie vielen Menschen das Ereignis stattfinden soll. Es besteht die Möglichkeit, „nur“ innerhalb der Klasse ein Happening zu arrangieren oder aber im gesamten Jahrgang. Der Klassenverband ist ein geschützter Raum, der für einige Schüler vielleicht völlig ausreichend ist und Sicherheit bietet.

Im engeren Rahmen bietet sich eine Teilung der Klasse an: Während die eine Hälfte gestaltet, schaut die andere Hälfte zu, dann wird gewechselt. Der Umfang des Happenings ist meist schon ausschlaggebend für den Ort. Soll es im Rahmen des Klassenverbandes stattfinden, eignet sich nur ein geschlossener Raum. Ansonsten wäre (bei warmen Temperaturen) der Schulhof optimal. Wichtig bei dem Ort des Geschehens ist außerdem, dass er gut gegen eventuelle Farbflecken abgedeckt ist, sodass sich die Kinder nicht zu sehr in ihrem Schaffensdrang einschränken müssen.

Schüsseln und alte Handtücher können die Kinder nach Möglichkeit von zu Hause mitbringen.

Erarbeitungsphase

Die Klasse teilt sich in zwei Gruppen (z. B. durch Auslosen) und es wird geklärt, welche Gruppe mit dem Druck anfängt.

Die Kinder, die mit dem Gestalten beginnen, bereiten den Ort vor, indem sie den Boden zunächst mit Folie abdecken, die sie an den Rändern mit Klebeband befestigen. Die Papiere werden so auf dem Boden verteilt, dass sich die Kinder nicht in die Quere kommen. Die Stühle für das Publikum werden aufgestellt. Jedes Kind der Druckgruppe erhält eine Schüssel und füllt etwas blaue Farbe hinein. Die Kinder ziehen sich die Schuhe aus und krempeln die Ärmel und Hosenbeine hoch. Das „Publikum“ betritt nun den Raum, setzt sich. Die Musik wird eingeschaltet und los geht's.

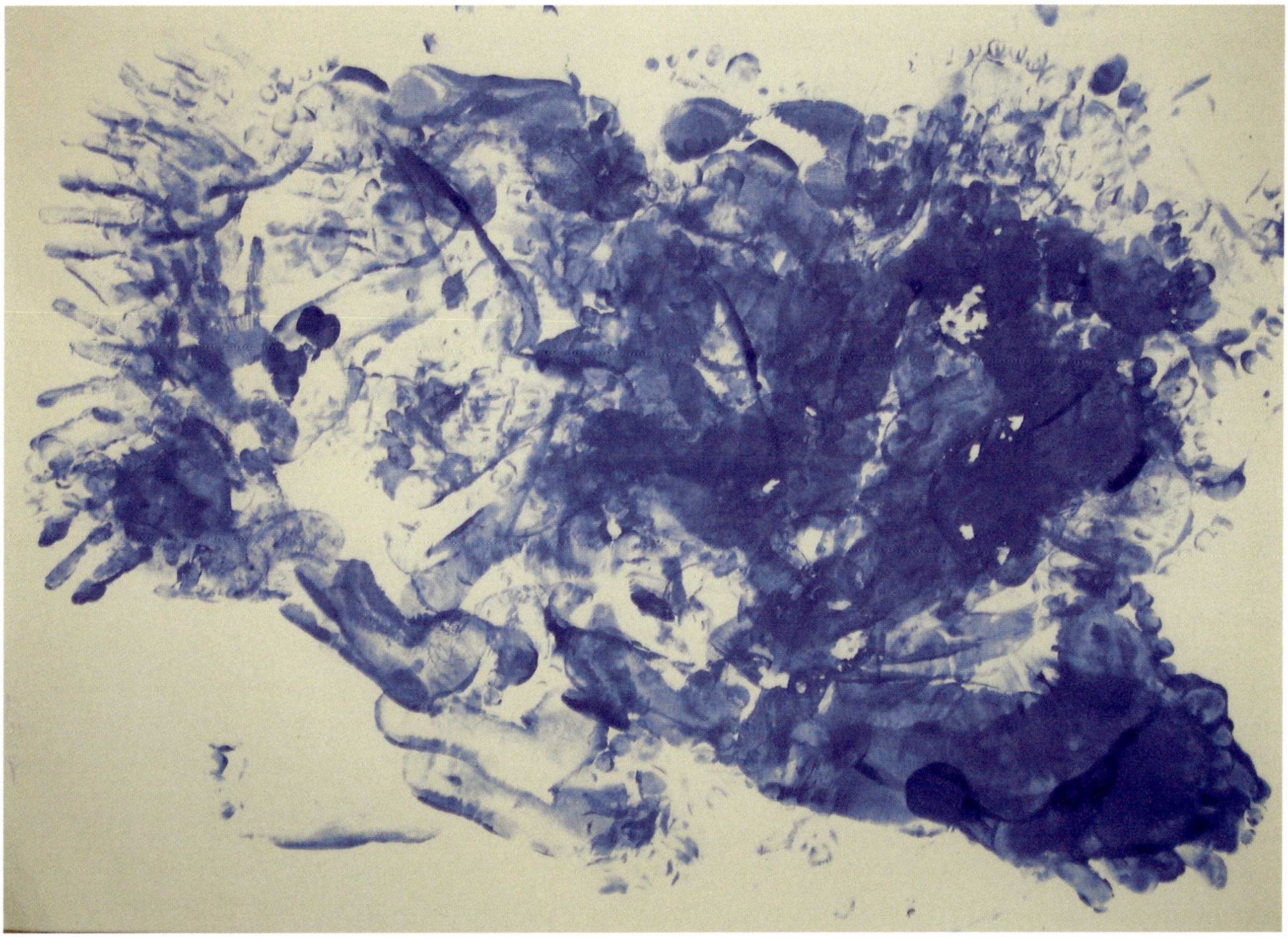

Durchführungsphase

Mit den Händen, dem Pinsel oder dem Schwamm tragen die Kinder die Farbe auf die gewünschten Körperteile auf und drucken das Körperteil auf den Untergrund. Es gibt viele Möglichkeiten, die Abdrücke auf dem Papier zu hinterlassen. (Yves Klein ließ seine Modelle sogar über den Grund ziehen, sodass spannende „Ziehabdrücke" bzw. Gebilde entstanden.) Mit den Füßen können die Kinder Spuren hinterlassen oder es können verschiedene Abdrücke neben und übereinandergesetzt werden. Möglich wäre auch, eine gegenständliche Figur entstehen zu lassen (z. B. ein Baum oder Tier).

Nach Vollendung der Werke waschen sich die Kinder grob die farbigen Körperteile, ziehen ihre Socken und Schuhe an und setzen sich, um der anderen Gruppe zuzuschauen. Nun ist die zweite Gruppe an der Reihe.

Auswertungsphase

Nachdem die Werke getrocknet sind, werden sie aufgehängt und besprochen. Die Kinder erzählen, was sie in ihren Bildern und in den Bildern der anderen sehen. Sie reflektieren das Happening, z. B.:

- Wie habt ihr das Happening empfunden? (gut oder langweilig)
- In welcher Rolle habt ihr euch wohler gefühlt, als Zuschauer oder als Künstler?
- Hat das Agieren vor Publikum das Gestalten beeinflusst oder war es egal?

Schön wäre eine komplette Schlussbetrachtung. Am Ende der Unterrichtsreihe könnte eine große blaue Yves-Klein-Ausstellung, z. B. in der Aula oder auf dem Flur, arrangiert werden. Optimal wäre auch eine Präsentation während eines Schulfestes, dem Tag der offenen Tür oder Ähnliches.

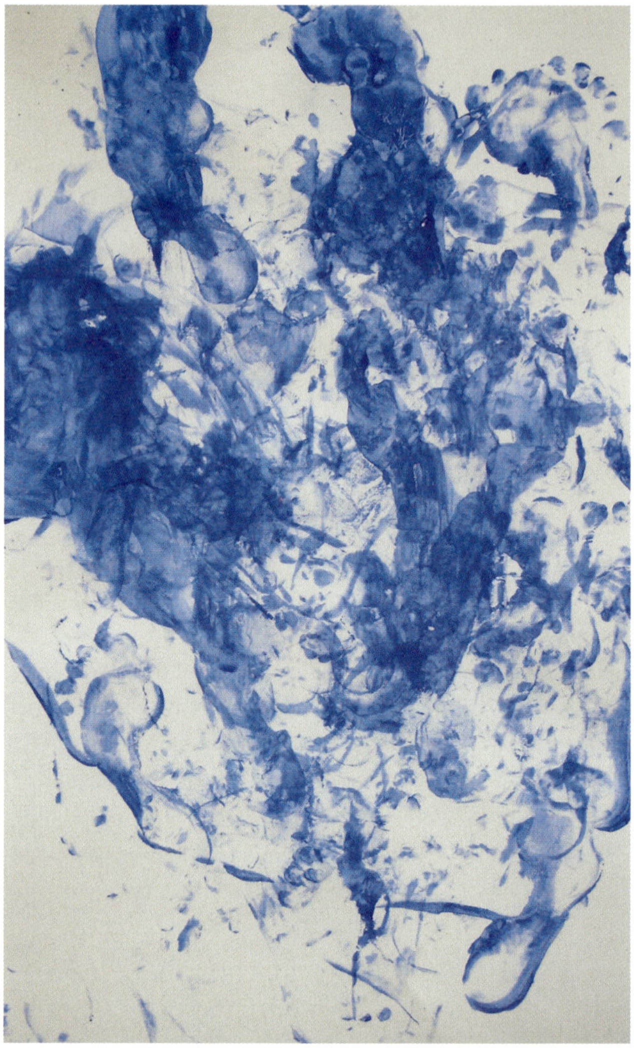

Literatur

Charlet, N.: Yves Klein. München 2002

Hollein, N.: Alles Kunst oder Was? – Yves Klein macht blau. Ostfildern 2004

Weitemeier, H.: Yves Klein. Köln 1999

Yves Klein: Ohne Titel (ANT 105), ca. 1960

5 Land-Art – „Verzaubertes Schulgelände"

Thema und Intention

Land-Art (= Landschaftskunst) ist eine moderne Kunstrichtung, die Ende der 60er-Jahre in Amerika entstand. Im Mittelpunkt steht dabei die künstlerische Veränderung einer Landschaft, zum Beispiel durch das Ziehen von Furchen oder Aufstellen von Gegenständen in dieser Naturlandschaft oder durch Aufstellung und Anordnung von unbearbeitetem Naturmaterial in städtischer Umgebung.
Die Kinder sollen in dieser Unterrichtseinheit die Erfahrung machen, über das Verändern der natürlichen Schulumgebung diese künstlerisch ausgestalten zu können. Das Schulgelände kann über das Aufstellen von Steinskulpturen oder „verzauberten" Blättern, Ästen, Baumstämmen und Blüten allen Kindern einer Schule einen neuen Anreiz bieten, ihr Schulgelände mit neuen Augen zu sehen, bewusster über den Pausenhof zu gehen und die gewohnte Umgebung als Kunstraum schätzen zu lernen. Einige Land-Art-Arbeiten der Kinder werden für längere Zeit sichtbar sein, während andere Arbeiten schnell witterungsbedingt wieder verschwunden sein werden. Ein weiteres Lernziel dieser Unterrichtseinheit ist die Möglichkeit der Konservierung „vergänglicher" Kunst mittels der Fotografie.

Informationen zur Unterrichtsreihe

Ziel der Reihe	Die Kinder sollen mit unterschiedlichen Materialien das Schulgelände kreativ verändern. Sie lernen Künstler kennen, die mit Farbe und durch eine bestimmte Anordnung von Steinen, Blättern, Blumen und Ästen eine natürliche Landschaft zu einem Kunstwerk machen, ohne die Natur zu zerstören. Eine Umgebung, die täglich als selbstverständlich empfunden wird, wird nun bewusster wahrgenommen.
Aufbau der Reihe	• **DenkMal nach, wenn du über diese Steine stolperst** – Steine kreativ bearbeiten und auf dem Schulgelände aufstellen (Doppelstunde) • **Der verirrte Farbtropfen** – Ausgehend von einer Geschichte mit Blättern, Ästen, Steinen mittels Farbe und Form experimentieren (Doppelstunde) • **Steinkreise** – Kunstwerke von Richard Long als Ausgangspunkt für eigenes kreatives Gestalten mit Steinen (Doppelstunde)

5.1 DenkMal nach, wenn du über diese Steine stolperst – Steine kreativ bearbeiten und auf dem Schulgelände aufstellen

Material

„Sparta-Garten“ von Ian Hamilton Finlay und „David“ von Michelangelo auf Folie (s. S. 103 f.), Overheadprojektor, Ytong-Steine, Schraubenzieher und/oder spitze Steine zum Einritzen (möglich sind auch große Nägel, Kinderscheren oder Stricknadeln), eventuell Sand (zum Einfärben und Füllen der Rillen), Material zum Abdecken der Tische, Malkittel
Folgender Sicherheitshinweis sollte unbedingt beachtet werden: Beim Bearbeiten der Ytong-Steine entsteht Staub. In geschlossenen Räumen sollten daher die Fenster geöffnet werden. Am besten arbeitet man mit diesen Steinen im Freien!

Ziel der Stunde

Angeregt durch eine Abbildung des Kunstwerkes „Sparta-Garten“ von Ian Hamilton Finlay sollen die Kinder sich für sie selbst wichtige Wörter oder Sätze ausdenken, die sie auf ihre Steine ritzen wollen. Diese Wörter oder kurzen Sätze sollen andere Kinder, Lehrer oder Eltern zum Stehenbleiben und zum Nachdenken anregen.

Begründung des Themas und Intention

Schon seit Jahrtausenden haben Menschen Steine bearbeitet, um daraus Werkzeuge herzustellen und um ihr Wissen in Bildern und Schriftzeichen für die Nachwelt zu bewahren.
Kunst mit und aus Steinen bietet den Schülern im Bereich skulpturelles Arbeiten eine Möglichkeit, auch diese Seite der Kunst/des Kunstunterrichts kennenzulernen und hier ihre Kreativität zum Ausdruck zu bringen. Statt Wasserfarben und Pinsel werden die Schüler mit einem eher ungewohnten Material vertraut gemacht. In einer multisensorischen Phase ertasten, erriechen und erfühlen die Kinder die Struktur des Steines, der bearbeitet werden soll. Stein ist schwerer zu bearbeiten als das normalerweise im Kunstunterricht verwendete Material. Anschließend erfahren die Kinder die Bedeutung von Skulpturen und deren Wirkungsmöglichkeiten in Raum und Natur sowie deren Variationen der gestalterischen Umsetzung in Anlehnung an Werke von Ian Hamilton Finlay. Stein kann dem Wechsel der Witterung standhalten und bietet sich daher als Material gut an, um ein Kunstwerk für das Schulgelände zu gestalten. Zum Abschluss der Doppelstunde sehen die Schüler Abbildungen von Skulpturen, beispielsweise von Michelangelo. Nach ihrer eigenen Erfahrung, Steine zu bearbeiten, können sie nun nachvollziehen, welche großartige Leistung eines Künstlers sich hinter solchen Skulpturen verbirgt.

Zum Künstler und zum Kunstwerk

Ian Hamilton Finlay gilt als einer der bedeutendsten Land-Art-Künstler des letzten Jahrhunderts. Der schottische Bildhauer, Lyriker und Naturkünstler starb 2006 im Alter von 81 Jahren. Zu seinen besten Gartengestaltungen gehört sein eigener Garten in der Nähe von Edinburgh, den er treffend „Little Sparta“ nannte. Hier nahm er durch seine Gestaltung mit beschrifteten Steinen eine Art Dialog mit der Natur auf, der für ihn neben einer politischen auch eine kulturelle Aussage hatte. Mit den bearbeiteten Steinen richtete er lyrische Worte und Kurzgedichte an die Besucher. Mit Zitaten aus der Vergangenheit versuchte er, Gäste in seinem Garten mit dem Problem der Konservierung von Werten zu konfrontieren und sie zum Nachdenken über die Welt und deren Vergänglichkeit anzuregen.

Aufbau der Stunde

Einstiegsphase

Zu Beginn der Stunde erhalten die Kinder die Ytong-Steine, die sie später bearbeiten sollen. In einem freien Unterrichtsgespräch beschreiben die Schüler zunächst ihre Steine, wie sich diese anfühlen, wie sie riechen.

Sie überlegen gemeinsam, was man mit den Steinen alles machen könnte: z. B. Häuser und Straßen bauen, Steine werfen, Feuer machen, ein Muster legen, Dinge beschweren, damit sie im Wind nicht wegfliegen u. Ä.

Erarbeitungsphase

Nachdem die Kinder erfahren haben, dass sie heute mit den Steinen ein Kunstwerk für das Schulgelände erstellen sollen, überlegen sie im nächsten Schritt, wie sie das bewerkstelligen können. Verschiedene Möglichkeiten werden gemeinsam durchdacht und besprochen: Man kann die Steine zum Beispiel bemalen. Wenn der Stein jedoch dann in den Garten gebracht wird, verschwindet die Farbe bei Regen. Die Kinder werden spätestens dann selbst auf die Idee des Ritzens und Meißelns kommen, wenn ihnen die Lehrperson die Werkzeuge zeigt. Mittels Overheadprojektor wird nun das Kunstwerk „Sparta-Garten" von Ian Hamilton Finlay auf die Leinwand projiziert (s. S. 103). Die Lehrerin/der Lehrer stellt den Künstler vor und erzählt von seinen Arbeiten. Die Kinder erfahren, was man unter Land-Art versteht, und lernen Finlay als einen wichtigen Vertreter dieser Kunstrichtung kennen. Gemeinsam wird nun überlegt, welche Wörter in den Stein geritzt werden könnten, um Menschen, die über das Schulgelände gehen, neugierig zu machen, sodass sie stehen bleiben und den Stein betrachten. In unserem Beispiel entschieden sich die Schüler für Wörter, die mit den gezeigten Arbeiten von Ian Hamilton Finlay zu tun haben: LANDART, NATUR, WEGE, STEINE und Ähnliches. Denkbar ist auch, die Steine mit den eigenen Vornamen, mit Gegenständen aus der Schule usw. zu beschriften.

Durchführungsphase

Nach Sicherheitshinweisen durch die Lehrerin/den Lehrer wird geklärt, ob die Kinder allein, zu zweit oder auch in Gruppenarbeit die Steine bearbeiten. Die Tische werden abgedeckt, die Werkzeuge verteilt und die Kinder beginnen mit der Arbeit. Eine Erweiterung der Stunde kann hier erfolgen, indem den Schülern farbiger Sand zum vorübergehenden Füllen der Rillen (eventuell mit etwas Klebstoff befestigen) zur Verfügung gestellt wird.

Damit würde sich der Stein im Laufe der Zeit in der Natur zwangsläufig markanter und schneller sichtbar verändern, da der Sand schon nach dem ersten Regen zu verschwinden beginnt.
Eine Alternative hierzu ist, die Steinrillen mit farbiger Kreide zu füllen. Die Schüler legen dazu ein Stück farbige Kreide in ein Taschentuch, legen es auf den Boden und treten darauf. Die zerstoßene Kreide wird anschließend in die Rillen gefüllt.

Auswertungsphase

Zum Abschluss der Doppelstunde wird den Kindern als stummer Impuls eine Abbildung von Michelangelos „David" (s. S. 104) mittels Overheadprojektor gezeigt. In einem Unterrichtsgespräch wird erläutert, mit welcher Anstrengung der Künstler den harten Marmorstein in diese Form gebracht hat, wie lange er dazu benötigt hat und wie schwierig es ist, solche Formen auf einen Stein zu übertragen. An dieser Stelle vergleichen nun die Schüler ihre eigene Arbeit mit der eines Bildhauers, der Marmor oder andere harte Steine mit dem Meißel bearbeitet. Es wird ihnen schnell klar, wie schwierig es ist, härteren Stein als den von ihnen verwendeten Ytong-Stein zu bearbeiten.
Nachdem die Kinder ihre Steine auf dem Schulgelände platziert haben, werden Eltern, Geschwister, Freunde oder eine Nachbarklasse eingeladen, die Steine anzuschauen und ihre Meinung zu dieser Art von Naturkunst zu äußern.

Ian Hamilton Finlay: Sparta-Garten, 1986

Michelangelo Buonarroti: David, 1501–1504

5.2 Der verirrte Farbtropfen – Ausgehend von einer Geschichte mit Blättern, Ästen, Steinen mittels Farbe und Form experimentieren

Material

Rote Abtönfarbe (Baumarkt), dicke Borstenpinsel, (Plastik-)Becher, eventuell (Bambus-)Stöcke (als Rahmen), Fotoapparat oder Digitalkamera (zur Dokumentation der Kunstwerke), „Irische Blätter mit Beeren" von Andy Goldsworthy auf Folie (s. S. 108), Overheadprojektor

Ziel der Stunde

Die Schüler färben mit roter Farbe Blätter, Äste, Steine usw., legen mit den eingefärbten Naturmaterialien Motive in den Rasen und fotografieren diese.

Begründung des Themas und Intention

Normalerweise benutzen die Kinder Farben zum Bemalen von Papier oder Gegenständen. Bereits in der Unterrichtseinheit zuvor haben sie jedoch gelernt, dass Land-Art eine Kunstrichtung ist, bei der Künstler mit Naturmaterialien Kunstwerke erstellen. In dieser Einheit sollen sie die Erfahrung machen, dass man auch „Natur" (Naturmaterialien) bemalen, verändern und somit zu einem Kunstwerk machen kann. Die Wahrnehmung der Natur beginnt schon beim Sammeln der Naturobjekte, die genau betrachtet und betastet werden. Durch die künstliche Farbgebung erhält die Natur eine neue und differenzierte Wirkung und Gestalt. Die Natur mit anderen Augen und bewusster zu sehen, ist für Schüler ein neuer Erlebnisbereich, der sie in ihrer Gesamtwahrnehmung unterstützt.

Zum Künstler und zum Kunstwerk

Andy Goldsworthy wurde 1956 in Yorkshire geboren. Der Land-Art-Künstler verwendet für seine schnell vergänglichen Arrangements Naturmaterialien und setzt häufig mit Früchten und Blumen im Grün und Braun der Wälder und Wiesen spannende Farbakzente. Goldsworthy betrachtet als Ziel seiner Naturgestaltungen, dass sich der Blick des Betrachters für die ihn umgebende Natur verändert, indem er auf Dinge seiner natürlichen Umgebung aufmerksam wird, die er zuvor nur im Vorübergehen wahrgenommen hat. Somit wird der Betrachter sensibilisiert für die Vergänglichkeit und die Schönheit der Natur.

Aufbau der Stunde

Einstiegsphase

Zunächst wird das benötigte Material an die Schüler verteilt: Borstenpinsel, für jeden Schüler einen Becher und rote Abtönfarbe. Nun liest die Lehrerin/der Lehrer die Geschichte vom verirrten Farbtropfen (s. S. 107) vor oder erzählt sie und die Kinder spielen die Geschichte mit. An der Textstelle „Eines Tages nahm ihn ein großer Borstenpinsel an die Hand" (2. Abschnitt) nehmen die Schüler einen Tropfen rote Farbe auf ihren Pinsel und halten ihren Becher zum Schutz darunter.

Erarbeitungsphase

Während der Erzählung sind die Schüler nun mit ihrem Pinsel und Becher und der roten Farbe ins Freie gelangt. Sie besprechen gemeinsam mit der Lehrerin/dem Lehrer, welche Naturmaterialien sie nun anmalen könnten, und nennen die Dinge, die der Pinsel aufgezählt hat: Blätter, Äste, Steine, Grashalme…
Der letzte Abschnitt der Geschichte vom Farbtropfen: „Als er merkte, wie sich die Natur durch seine Farbe veränderte…" wird aufgegriffen und in einem gemein-

samen Gespräch erörtert. Folgende Impulse können gegeben werden: Was glaubst du, fällt dem Farbtropfen nun plötzlich auf? Was macht die Farbe mit den Blättern, Ästen und Steinen? Glaubt ihr, dass der Farbtropfen seine Veränderungen in der Natur schön findet? Wenn ja, warum? Wie könnte man das Kunstwerk anderen zeigen, falls es heute noch regnet?

Durchführungsphase

Die Schüler malen nun die Naturmaterialien an und können dann deren Anordnung in Einzel-, Partner- oder Gruppenarbeit gestalten. Manche Kinder möchten ihren Land-Art-Werken einen Titel geben. Diesen können sie auf Zettel schreiben und sichtbar an oder neben ihrem Werk befestigen. Sind die Kinder mit ihren Arrangements und der künstlerischen Umgestaltung fertig, fotografieren sie ihre Werke.

Auswertungsphase

Die Land-Art-Werke der Kinder können in den Pausen von Mitschülern besichtigt werden. Eltern und Freunde betrachten die Land-Art-Kunstwerke beispielsweise bei Schul- oder Klassenfesten. Ebenso können die Schüler die Fotos ihrer Werke ausstellen, als Geschenk-, Glückwunsch- oder Postkarten gestalten und verschicken oder Hefteinbände damit verzieren. In einer abschließenden Betrachtung sehen die Kinder das Kunstwerk von Andy Goldsworthy: „Irische Blätter mit Beeren" auf Folie (s. S. 108) und lernen damit einen weiteren Land-Art-Künstler kennen. Vergleiche mit den Schülerarbeiten können unternommen werden.

Die Geschichte vom verirrten Farbtropfen

Es war einmal ein kleiner roter Farbtropfen. Eigentlich lebte er in seiner Farbtube zusammen mit sehr, sehr vielen Geschwistern und Verwandten. Eine große Familie, die die meiste Zeit friedlich zusammen verbrachte. Der kleine Farbtropfen jedoch fand das Leben in der Tube irgendwann ziemlich langweilig. Er konnte oft Geräusche hören aus der Welt außerhalb seiner Tube und er fragte sich, wie sie wohl aussah, diese Welt da draußen.

Eines Tages nahm ihn ein großer Borstenpinsel an die Hand. Horst, so hieß der Borstenpinsel, und der kleine Tropfen verstanden sich auf Anhieb.
„Komm", sagte der kleine Tropfen, „ich will etwas sehen von der Welt, lass uns einfach losziehen und schauen, was es so zu entdecken gibt!"
„Klasse Idee!", rief der Pinsel begeistert. „Aber wehe, du hast dann auf einmal keine Lust mehr!"

Vorsichtig gingen die beiden zur Tür. Was war wohl hinter der Tür? Sie gingen den Gang entlang zu einer noch größeren Tür. Als sie die Tür durchschritten hatten, standen sie im Freien. Zum ersten Mal sah der kleine Tropfen Gras, Steine, Bäume, Blätter, Äste ... Er war begeistert.

Er hüpfte durch die Welt und schloss mit vielen Grashalmen, mit vielen Steinen, Blättern und Ästen Freundschaft.

Als er merkte, wie sich die Natur durch seine Farbe veränderte, blieb er einen Moment stehen und überlegte... Plötzlich sah er auf dem Schulgelände Dinge, die ihm zuvor gar nicht aufgefallen waren...

Andy Goldsworthy: Irische Blätter mit Beeren, 1987

5.3 Steinkreise – Kunstwerke von Richard Long als Ausgangspunkt für kreatives Gestalten mit Steinen

Material

„A 15 Day Walk" und „Cornwall Slate Line" von Richard Long auf Folie (s. S. 111), Overheadprojektor, Blätter, Steine, Äste, Stöcke, Fotoapparat oder Digitalkamera (zur Dokumentation der Kunstwerke)

Ziel der Stunde

Die Kinder sollen dazu ermuntert werden, wie der Künstler Richard Long mit Steinen, Blättern und Ästen gestalterisch tätig zu werden. Die Wahrnehmung der Natur wird so intensiviert und richtet sich auf die Wertschätzung der Schöpfung. Die Schüler sollen die Erfahrung machen, dass Natur veränderbar ist und selbst zum Kunstwerk werden kann, ohne dass der Mensch etwas hinzufügt, sondern lediglich die Gegebenheiten der Landschaft neu ordnet.

Begründung des Themas und Intention

Richard Long hat mit seinen Steinformationen Muster in die landschaftliche Umgebung gebracht, die eine veränderte Ästhetik in die Natur projizieren. Die Kinder arbeiten bei diesem Thema in der Natur und gehen behutsam ordnend mit der Natur um. Mit Steinen etwas zu legen oder zu bauen ist eine Tätigkeit, mit der alle Kinder schon zuvor ihre Erfahrungen gemacht haben.

Zum Künstler und zum Kunstwerk

Richard Long wurde 1945 in Bristol/England geboren. Bereits während seines Kunststudiums in den 60er-Jahren beschäftigte er sich auf seinen zahlreichen Wanderungen durch alle Weltgegenden mit künstlerischen Veränderungen der Natur mit dem Ziel, ein ästhetisches Ergebnis zu erzielen. Fußspuren, Linien und zu Skulpturen geformte Steinhaufen wurden zum Merkmal seiner Land-Art. Bereits seine ersten Ausstellungen mit Fotos seiner Naturveränderungen Ende der 60er-Jahre waren große Erfolge. Meist legt Richard Long mit gefundenen Steinen und Holzstükken Kreise, Rechtecke und Dreiecke in die Landschaft.

Auf diese Art macht er zum einen auf ein natürliches Ordnungsprinzip in der Umgebung aufmerksam, das er andererseits in eine neue Ordnung überführt. Wie auch andere Land-Art-Kunstwerke sind Richard Longs Arbeiten keine dauerhaften Werke. Die Vergänglichkeit von Natur und Kunst ist wie bei Goldsworthy ein Merkmal seiner Arbeiten.

Aufbau der Stunde

Einstiegsphase

Zu Beginn der Stunde betrachten die Kinder einen Ausschnitt aus dem Foto des Kunstwerkes „Cornwall Slate Line" von Richard Long auf Folie (s. S. 111 unten). Dabei wird das Kunstwerk so abgedeckt, dass nur ein Ausschnitt aus der Steinformation zu sehen ist. Die Kinder versuchen herauszufinden, was der Ausschnitt darstellen könnte.
Die Lehrerin/der Lehrer begleitet mit Impulsen: „Überlegt mal, was das sein könnte! Um welches Material könnte es sich handeln?" Die Lehrerin/der Lehrer erzählt, dass es sich hierbei um ein Kunstwerk handelt, und gibt auch einige Informationen über den Künstler bekannt: „Der Künstler heißt Richard Long. Er lebt in England und arbeitet meistens in der Natur. Wenn er einmal nicht in der Landschaft Kunstwerke zusammenstellt, dann nimmt er wenigstens das Material aus

der Natur mit in sein Atelier und fertigt dann dort Kunstwerke an. Aus den letzten Stunden wisst ihr ja schon, welche Materialien das sein können!" Die Schüler zählen auf: Steine, Holz, Blätter, Beeren, Gras. „Genau, und ihr habt heute ein Material mitgebracht, das Richard Long ganz oft verwendet und das ihr auch auf dem Bild sehen könnt."

Die Kinder wurden vorher aufgefordert, zu dieser Stunde einen Stein mit in die Schule zu bringen. In einem Sitzkreis beschreiben die Schüler nun ihre Steine und berichten, wo der Stein zuvor gelegen bzw. wo sie ihn gefunden haben. Im Unterrichtsgespräch überlegen die Kinder gemeinsam, was man mit diesen Steinen im Kunstunterricht machen könnte.

Erarbeitungsphase

Nach einer ersten Ideensammlung wird nun das „Geheimnis" gelüftet und die Kinder betrachten die komplette Abbildung mit dem Kunstwerk innerhalb der Landschaft. Außerdem wird ihnen das Werk „A 15 Day Walk" von Richard Long auf Folie (s. S. 111 oben) gezeigt. Sie überlegen, warum der Künstler Steinformationen (Quader und Kreise) in die Natur gelegt haben könnte. Davon ausgehend wird nun gemeinsam besprochen, was die Kinder mit ihren und natürlich auch noch weiteren Steinen vom Schulgelände legen könnten, um damit ein Kunstwerk entstehen zu lassen. In die Planung wird auch miteinbezogen, ob ein Gemeinschaftswerk oder Einzelarbeiten entstehen sollen und welcher Standort sich eignet.

Durchführungsphase

Gemeinsam oder einzeln legen die Kinder ihre Steine. Anschließend fotografieren sie die Steinformationen.

Auswertungsphase und Möglichkeiten zur Weiterarbeit

In einer abschließenden Besprechung sollen die Schüler noch einmal verbalisieren, was sie mit den Steinen gemacht haben: Welche Idee hattet ihr für euer Steinkunstwerk? Wie seid ihr auf diese Idee gekommen? Wie habt ihr euch euren Standort ausgesucht? Wie fandet ihr diese Art, Kunst zu machen? Hat es euch Spaß gemacht?

Am Ende kann eine Ausstellung, z. B. im Rahmen eines Klassenfestes, stattfinden, die diese Unterrichtsreihe abschließt. Die Kinder präsentieren ggf. ihre Arbeiten. Die Präsentation kann klassenintern für die Parallelklasse oder als Elternnachmittag (Schulfest, Klassenfeier o. Ä.) durchgeführt werden.

Literatur

ZDENEK, F./SIMIG, P. (Hrsg.): Ian Hamilton Finlay, Works in Europe 1972–1995. Cantz 1995

Richard Long: A 15 Day Walk in the Three Sisters, Oregon 2001

Richard Long: Cornwall Slate Line, 1990

6 Das kleine Kunsttagebuch

Thema und Intention

Mit Beginn der Kindergartenzeit lernen Kinder tagtäglich an Wissen und Fertigkeiten dazu. Blicken sie beispielsweise aus der Sicht eines Viertklässlers auf ihre Fotos vom ersten Schultag, so gibt dies meist Anlass zum Lachen und Anlass, einen Moment darüber nachzudenken, wie sehr man sich verändert hat. Selten wird den Kindern aber in diesem Augenblick bewusst, wie viel sie in den letzten Jahren dazugelernt haben und vor allem, wie stolz sie auf diesen Zuwachs an Wissen sein können.

In den letzten Jahren sind vor allem für den Bereich „Sprache lernen" verschiedene Portfolios in mehreren Bundesländern entwickelt worden, die den Schülern veranschaulichen, wie viel sie sich im Sprachunterricht und auch außerhalb der Schule an Wissen über Fremdsprachen in wenigen Jahren Grundschulzeit aneignen. Ähnlich hierzu soll hier nun diese Idee auf den Kunstunterricht übertragen werden. Die Kinder sollen anhand des Vergleiches ihrer früheren Bilder aus dem Kindergarten und aus der Anfangsschulzeit erfahren, dass sie auch im Bereich Kunst an Wissen, Fertigkeiten und Erfahrungen dazugewonnen und Veränderungen erlebt haben. Georg Baselitz, einer der großen deutschen Maler der Gegenwart, hat im Frühjahr 2006 ein ähnliches Unterfangen in Angriff genommen: Mit 68 Jahren begann er, seine großen Meisterwerke noch einmal zu malen, um herauszufinden, ob er noch genauso gut ist wie früher, wie er sich verändert hat und ob er an Wissen und Erfahrung dazugewonnen hat.

Informationen zur Unterrichtsreihe

Ziel der Reihe	Die Kinder sollen, ausgehend von Gesprächen über ihre eigene Vergangenheit, ihren persönlichen Erfahrungs-, Wissens- und Fertigkeitenzuwachs der letzten Jahre sehen und reflektieren. Das individuelle Selbstbewusstsein für die Bereiche Malen und Kreativität wird gestärkt und gefördert. Den Schülern wird bewusst, was sie in der letzten Zeit schon alles gelernt, erfahren und verstanden haben. Darüber hinaus setzt die Unterrichtsreihe einen neuen Ausgangspunkt für weitere Lernerfahrungen und Lernzuwachs bei künstlerischen Tätigkeiten, indem das Kunstportfolio auf einen längeren Bearbeitungszeitraum angelegt ist.
Aufbau der Reihe	• **„Das-ist-Kunst"-Sammelwand** – Begegnungen, Erfahrungen, Meinungen über Kunst zusammentragen (Einzelstunde) • **Das Kunstportfolio** – Aktuelles Wissen im Bereich Kunst festhalten und Zuwachs an Erfahrungen und Wissen über einen längeren Zeitraum dokumentieren (mehrere Einzelstunden im Verlauf des Schuljahres) • **Die Baselitz-Idee** – Ein Kindergarten- oder Erstklassbild erneut malen (Einzelstunde)

6.1 „Das-ist-Kunst“-Sammelwand – Begegnungen, Erfahrungen, Meinungen über Kunst zusammentragen

„Diese Bilder hängen bei uns zu Hause!“

Material

Farbige kleine Notizzettel, große Bogen Tonpapier als Hintergrund für die Sammelwand, Zeitungen, Magazine, Postkarten usw., Schere, Klebstoff

Ziel der Stunde

Die Schüler sollen sich in dieser Stunde über ihre zusammengetragenen Ergebnisse unterhalten mit den Schwerpunkten: Was ist Kunst? Was bedeutet Kunst für mich? Wo begegnet mir Kunst?

Begründung des Themas und Intention

Die Schüler beschäftigen sich hier auch außerhalb des schulischen Wirkungskreises mit dem Thema Kunst. Der „Blick“, z. B. ins elterliche Wohnzimmer, soll die Kinder darauf aufmerksam machen, dass ihnen Kunst im Alltag ebenso begegnet wie in der Schule als Schulfach. Kunst wird somit über den Status eines reinen Schulfaches hinausgehoben und gewinnt auch für den kindlichen Alltag an Bedeutung.

Aufbau der Stunde

Einstiegsphase

Eine Woche vor der Stunde erhalten die Schüler folgende Aufträge: Wo findest du überall „Kunst“ in deinem Alltag? Hängen Kunstbilder bei euch zu Hause? Schreibe die Orte und vielleicht auch die Namen der Bilder auf kleine Notizzettel. Schneide aus Zeitungen und Magazinen Bilder von „Kunst“ aus. Hast du Postkarten, die du mitbringen möchtest?
Zu Beginn der Stunde treffen sich alle Schüler mit ihren Notizzetteln, Postkarten oder ähnlichem mitgebrachtem Material in einem Stuhlkreis.

Erarbeitungsphase

Die Kinder stellen nun ihre Notizzettel vor und erzählen, wo ihnen Kunst begegnet ist: zu Hause, auf dem Weg in die Schule, an Plakatwänden, in Zeitschriften, im Fernsehen, in Büchern, beim Besuch bei Freunden und Verwandten …

Im Unterrichtsgespräch sollen die Kinder nun versuchen zu erklären, was eigentlich genau für sie Kunst ist bzw. was sie als schön empfinden.

Durchführungsphase

Anschließend kleben die Kinder ihre Notizzettel auf einem großen Plakat auf. Zusätzlich können sie in Zeitungen und Magazinen nach Kunst suchen, die sie ebenfalls ausschneiden und aufkleben.

Auswertungsphase

Gemeinsam betrachten die Schüler abschließend die verschiedenen Bilder und Meinungen zu diesem Thema. Fragestellungen können, beispielsweise auch in Gruppenarbeit, besprochen werden:
Wer entscheidet, welches Bild im Wohnzimmer aufgehängt wird? Welches Bild würdest du dir auch in dein Zimmer hängen? Welches der Bilder gefällt dir am besten? Welches der Bilder ist für dich überhaupt keine Kunst? Warum nicht? Wo hast du in deinem Alltag die meiste Kunst gesehen? Würdest du an deinem Kunstunterricht in der Schule etwas verändern?
Was wünscht du dir für den Kunstunterricht in der Schule?

6.2 Das Kunstportfolio – Aktuelles Wissen im Bereich Kunst festhalten und Zuwachs an Erfahrungen und Wissen über einen längeren Zeitraum dokumentieren

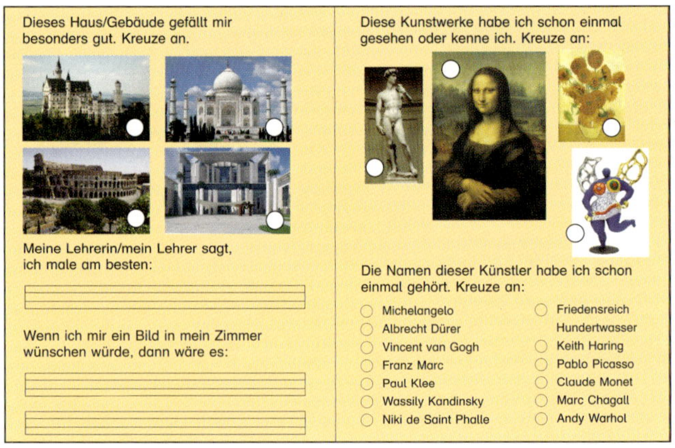

Dieses Haus/Gebäude gefällt mir besonders gut. Kreuze an.

Meine Lehrerin/mein Lehrer sagt, ich male am besten:

Wenn ich mir ein Bild in mein Zimmer wünschen würde, dann wäre es:

Diese Kunstwerke habe ich schon einmal gesehen oder kenne ich. Kreuze an:

Die Namen dieser Künstler habe ich schon einmal gehört. Kreuze an:

- Michelangelo
- Albrecht Dürer
- Vincent van Gogh
- Franz Marc
- Paul Klee
- Wassily Kandinsky
- Niki de Saint Phalle
- Friedensreich Hundertwasser
- Keith Haring
- Pablo Picasso
- Claude Monet
- Marc Chagall
- Andy Warhol

Material

Kunstportfolio als Schwarzweiß- oder Farbkopie (für jeden Schüler 1-mal S. 116 f., in doppelter Ausfertigung die S. 118 f.), Schnellhefter DIN A4, in den das Portfolio eingeheftet wird, Arbeiten der Schüler aus dem Kunstunterricht eines Schuljahres, Arbeiten der Schüler aus dem Kindergartenalter, eventuell Zeitungsausschnitte, Postkarten oder Ähnliches zum Thema Kunst

Ziel der Stunde

Die Kinder überprüfen anhand des Portfolios ihr aktuelles Wissen im Bereich Kunst.

Begründung des Themas und Intention

Der Begriff Portfolio stammt aus den USA und bedeutet soviel wie Sammelmappe (ursprünglich Portefeuille = franz. Brieftasche).

Im schulischen Bereich umfasst ein Portfolio daher eine systematische und zielgerichtete Sammlung von Arbeiten eines Faches – hier Arbeiten aus dem Fach Kunst. In unserem Fall soll das Kunstportfolio dazu dienen, dass die Kinder sich über einen längeren Zeitraum mit den eigenen Lernprozessen und den individuellen Lernfortschritten sowie der sich ständig verändernden Bildkompetenz beschäftigen. Besonders gelungene Arbeiten können hier ebenso vorgestellt werden wie die Dokumentation des Zuwachses von Kenntnissen und Techniken im Fach Kunst.

Die Arbeit mit diesem Portfolio stärkt das Bewusstsein der Schüler, sich über einen überschaubaren Zeitraum Wissen und Fertigkeiten aneignen zu können und diesen Zuwachs auch zeigen zu können. Rückblickend erkennen die Schüler so, dass sie stolz sein können, vieles gelernt zu haben, indem sie abschließend das gesammelte Materiel prüfen, interpretieren und kommentieren. Aus der Arbeit mit einem Portfolio heraus können die Schüler eigene Ziele für die Weiterarbeit im Fach Kunst finden: Welches der Themen dieses Schuljahres hat mich am meisten interessiert? Bei welchen Themen habe ich meiner Meinung nach die beste Leistung gebracht? Was kann ich am besten malen? In welchen Bereichen möchte ich mir weitere Informationen beschaffen? Welcher Künstler hat mich so interessiert, dass ich mehr über ihn erfahren möchte?

Aufbau der Stunde

Einstiegsphase

In der Einstiegsphase wird an die vorhergehende Stunde der „Kunstsammelwand" angeknüpft. Die Schüler erhalten zunächst die zweite Seite des Kunstportfolios (s.S. 117) und wiederholen noch einmal ihre Gedanken und Gespräche zu den Fragen: „Zu Hause bei uns hängen folgende Bilder an den Wänden" und „Bei meinen Freunden habe ich diese Bilder an den Wänden gesehen". Die Lehrerin/der Lehrer stellt anschließend das Projekt „Kunstportfolio" vor. Sollten die Schüler ein Portfolio bereits aus dem Fremdsprachenunterricht kennen, ist an dieser Stelle seitens der Lehrperson natürlich weniger Erklärung nötig.

Die Lehrerin/der Lehrer erklärt den Kindern, dass sie in diesem Schuljahr mit dieser Sammelmappe am Ende des Jahres sehen werden, wie viel sie im Fach Kunst gelernt haben. In der nächsten Kunststunde sollen die Schüler Bilder mitbringen, die sie im Kindergarten oder auch in der Vergangenheit zu Hause gemalt haben. Die Lehrerin/der Lehrer stellt in Aussicht, dass zukünftig regelmäßig in den Kunststunden Schülerarbeiten im Portfolio abgeheftet werden, sowie auch Bilder, die die Kinder zwischendurch malen.

Die Arbeiten sollten stets mit einem Datum versehen werden! Einige Arbeitsblätter des Portfolios sind zwei- oder dreimal kopiert im Portfolio abzuheften, damit mögliche Veränderungen im Leistungsstand sichtbar gemacht werden können.

Durchführungsphase

In der ersten Stunde, in der nun mit dem Portfolio gearbeitet wird, bearbeiten die Schüler die Seiten 2 (Ich stelle mich vor) sowie die Seiten 4 (An diese Künstler kann ich mich erinnern) und 7 (Diese Kunstwerke habe ich schon einmal gesehen).
An diesen Seiten arbeiten die Schüler selbstständig. Individuell lassen sie sich jedoch von der Lehrerin/dem Lehrer die Frage beantworten, was sie im Moment am besten malen können.

Auswertungsphase

Gegen Ende der ersten Portfoliostunde besprechen die Kinder kurz eventuell aufgetretene Fragen mit der Lehrerin/dem Lehrer, berichten von ihren ersten Erfahrungen und Eindrücken beim Bearbeiten des Portfolios.
Ausblickend auf die folgende Stunde werden die Schüler noch einmal daran erinnert, Arbeiten aus dem Kindergarten für die nächste Stunde mitzubringen.

1

Mein Kunstportfolio

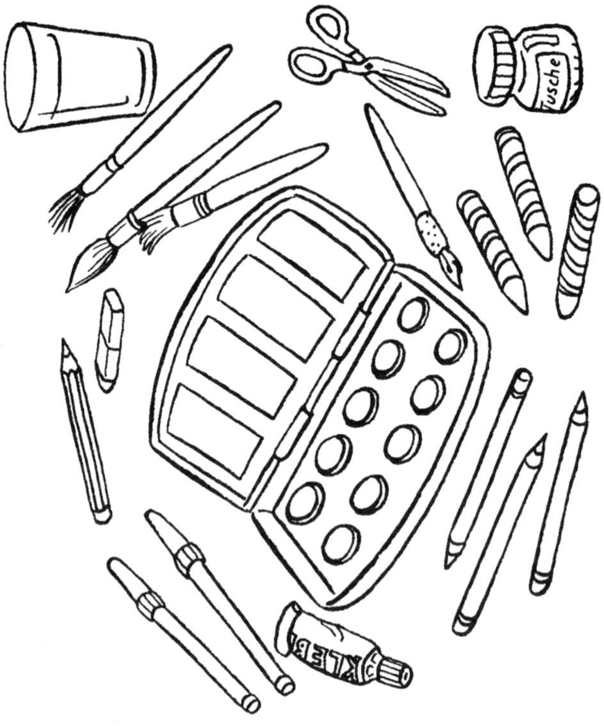

Das sind meine Lieblingsmotive:

Datum:

8

Das bin ich:

Mein Name ist:

Ich bin geboren am:

Ich wohne in:

Mein Kindergarten hieß:

Meine Schule heißt:

2

Zu Hause bei uns hängen folgende Bilder an den Wänden:

Bei meinen Freunden habe ich diese Bilder an den Wänden gesehen:

3

An diese Künstler kann ich mich erinnern – diese Künstler habe ich schon in der Schule kennengelernt:

Das kann ich schon malen:
Tiere, Pflanzen, Menschen, Gebäude …
Denke daran, was du am allerliebsten malst …

Datum:

4

Damit male ich besonders gern:

◯ Pinsel ◯ Wachsmalkreide ◯ Buntstifte

Das sind meine Lieblingsfarben:

Ich war schon einmal in einem Kunstmuseum:

◯ ja ◯ nein

Name des Museums:

In dieses Museum würde ich gern einmal gehen:

Datum:

5

Dieses Haus/Gebäude gefällt mir besonders gut. Kreuze an.

Meine Lehrerin/mein Lehrer sagt, ich male am besten:

Wenn ich mir ein Bild in mein Zimmer wünschen würde, dann wäre es:

6 Datum:

Diese Kunstwerke habe ich schon einmal gesehen oder kenne ich. Kreuze an:

Die Namen dieser Künstler habe ich schon einmal gehört. Kreuze an:

- ◯ Michelangelo
- ◯ Albrecht Dürer
- ◯ Vincent van Gogh
- ◯ Franz Marc
- ◯ Paul Klee
- ◯ Wassily Kandinsky
- ◯ Niki de Saint Phalle
- ◯ Friedensreich Hundertwasser
- ◯ Keith Haring
- ◯ Pablo Picasso
- ◯ Claude Monet
- ◯ Marc Chagall
- ◯ Andy Warhol

Datum: 7

6.3 Die Baselitz-Idee – Ein Kindergarten- oder Erstklassbild erneut malen

Material

Kopiervorlage zu Baselitz (s. S. 122), Schülerarbeiten aus den Jahren zuvor (Kindergarten, erstes Schuljahr), entsprechende Malutensilien, die speziell für diese Bilder zum Nachmalen erforderlich sind: Wachsmalkreide, Wasserfarben etc., „Der Adler“ (Original und Replik) von Georg Baselitz auf Folie (s. S. 123), Overheadprojektor

Ziel der Stunde

Die Schüler beschäftigen sich aufgrund der Idee von Georg Baselitz in dieser Stunde mit ihren Bildern, die sie früher gemalt haben. Sie stellen durch den Vergleich mit dem früher entstandenen Bild, das sie erneut malen, fest, dass sie in Bezug auf Techniken und Ideen einiges dazugelernt haben.

Begründung des Themas und Intention

Der Maler Georg Baselitz ist Ausgangspunkt der Betrachtungen. Auch er stellte sich genau diese Frage, malte Bilder aus früheren Zeiten erneut, um zu sehen, inwieweit er sich malerisch verändert hat. „Ich habe mich immer häufiger gefragt, ob es möglich ist, Fehler, die ich einmal gemacht habe, zu korrigieren. Ob ich mir frühe Bilder noch einmal vornehme, um sie besser zu machen.“ (Georg Baselitz in einem Interview: ART Nr. 3, März 2006)

Oftmals sind sich Kinder nicht bewusst, wie viel sie innerhalb eines Schuljahres, innerhalb eines Schultages oder innerhalb einer Schulstunde dazugelernt haben. Durch den direkten Vergleich mit einem Bild, das sie gemalt haben, als sie noch jünger waren, wird ihnen aufgezeigt, wie groß ihr Lernzuwachs in der letzten Zeit war. Das Sichtbarmachen von offensichtlichen Lernerfolgen trägt zur Stärkung des Selbstwertgefühls und des Selbstbewusstseins erheblich bei und fördert das Interesse an einem weiteren Lernzuwachs im Fach Kunst sowie auch in anderen Fächern.

Zum Künstler und zum Kunstwerk

Georg Baselitz ist ein Maler und Bildhauer. Eigentlich heißt er gar nicht Georg Baselitz, sondern Hans Georg Kern. Geboren ist Georg Baselitz 1938 in einer Stadt namens Deutschbaselitz in Sachsen, daher hat er auch seinen Künstlernamen. Er arbeitete als Kunstprofessor an den Kunstakademien in Karlsruhe und Berlin. Heute lebt Georg Baselitz am Ammersee in der Nähe von München und beschäftigt sich mit seinen Bildern, die er vor vielen Jahren gemalt hat.

Aufbau der Stunde

Einstiegsphase

Zu Beginn der Stunde erhalten die Schüler die Kopiervorlage zu Georg Baselitz (s. S. 122) mit Informationen zu diesem Künstler. Als Nächstes werden den Schülern die beiden Adlerbilder (Original und Replik) von Baselitz auf Folie (s. S. 123) gezeigt und sie vergleichen sie miteinander (Unterschiede, Gemeinsamkeiten).

Durchführungsphase

Nun erfolgt die Hinwendung der Kinder zu ihren eigenen mitgebrachten Bildern, mit denen sie sich auseinandersetzen sollen. Sie überlegen, was sie daran verändern würden und wie sie das Bild aus ihrer heutigen

Sicht malen wollen. Die Kinder erstellen nun ein „Remix“ ihres alten Bildes.

Auswertungsphase

In einem abschließenden Sitzkreis zeigen die Kinder nun ihr Original und ihre Replik und erklären, warum sie was anders gemalt haben als bei dem älteren Bild. Zusätzlich erzählen sie, was sie heute beim Malen besser können als früher. Dabei können folgende Aspekte herausgearbeitet werden:

- Die malerischen Fähigkeiten des Kindes haben sich verbessert: Es zeichnet sorgfältiger, genauer und detaillierter.
- Die Wahl der Motive hat sich geändert. Die Kinder äußern häufig, dass sie dieses Motiv so nicht mehr malen würden.
- Oft ist ein sogenanntes Kritzelalter in den Kindergartenzeichnungen noch zu erkennen. Die Schüler äußern ihre Verwunderung darüber, warum kleine Kinder so malen.
- Kann sich das Kind noch an die Arbeitsanweisung erinnern? Oft wussten die Schüler nicht mehr, warum sie dieses Motiv darstellen sollten. Hier konnte in einem Unterrichtsgespräch angeknüpft werden, indem besprochen wurde, welche Motive die Schüler zum jetzigen Zeitpunkt bevorzugt malen.

Möglichkeiten der Weiterarbeit

In den folgenden Monaten – idealerweise bis zum Ende des Schuljahres oder auch darüber hinaus – arbeiten die Schüler immer wieder in kurzen Phasen an ihrem Portfolio: In regelmäßigen Abständen wird hinterfragt, ob und wie sich die Lieblingsfarben verändert haben, was jetzt im Moment das Lieblingsmotiv ist, welche Maler die Schüler in der Zwischenzeit kennengelernt haben, inwieweit sich der individuelle Geschmack hinsichtlich eines bevorzugten Bildes verändert hat, welche Techniken erlernt wurden, welches Unterrichtsthema besondere Freude bereitet hat und vieles mehr.
Gegen Ende der Arbeit sollten die Schüler in Einzelarbeit oder auch mit einem Partner zusammen das gesamte Portfolio betrachten und ihre persönlichen Fortschritte und sichtbaren Veränderungen kurz notieren. Wichtig ist, den persönlichen Lernzuwachs am Ende eines Schuljahres gemeinsam mit den Schülern zu sichten und zu verbalisieren. Selbstverständlich sollten auch die Eltern Einblick erhalten in das Kunstportfolio ihres Kindes. Daher ist es sinnvoll, die Kinder anzuregen, das Portfolio zu Hause ihren Eltern zu zeigen.

Literatur

ART – Kunstmagazin. 3/2006, S. 36 ff.

Georg Baselitz

Georg Baselitz ist ein deutscher Maler. Er ist schon über sechzig Jahre alt. Seit vielen Jahrzehnten malt er, verkauft viele seiner Bilder und lebt davon.

Plötzlich hatte er einen Gedanken! Als er ein Bild sah, das er nicht verkauft hatte und das er vor sehr vielen Jahren einmal gemalt hatte, dachte er sich: „Na, ob ich das heute noch genauso könnte wie früher? Ob ich das nicht heute vielleicht anders malen würde?“

Georg Baselitz:
Fingermalerei – Adler, Original von 1972

Georg Baselitz:
Der Adler (Remix), Replik von 2005

Quellenverzeichnis

S. 47: Ulrich Möckel bei der Arbeit
© VG Bild-Kunst, Bonn 2007
Foto: Wolfgang Gehrmann, Hamburg

S. 52: Ulrich Möckel: Kleine Sammlung, 1994
© VG Bild-Kunst, Bonn 2007
Foto: Olaf Bergmann, Witten
Ulrich Möckel: Säule für Neubeckum, 2000
© VG Bild-Kunst, Bonn 2007
Foto: Ulrich Möckel

S. 53: Ulrich Möckel: Telgenbusch V, 1995
© VG Bild-Kunst, Bonn 2007
Foto: Sigi Renvert, Münster
Ulrich Möckel: Wandstücke, 1995
(Stadtgalerie Ahlen)
© VG Bild-Kunst, Bonn 2007
Foto: Olaf Bergmann, Witten

S. 58: Stephan Balkenhol: Mann auf Giraffe, 1990
© VG Bild-Kunst, Bonn 2007
Foto: Friedrich Rosenstiel
Stephan Balkenhol: Tanzende Paare
(Detailansicht), 1999
© VG Bild-Kunst, Bonn 2007
Foto: Axel Schneider, Frankfurt am Main

S. 63: Pablo Picasso in front of Choucette dans un interiéur, 1948
Foto: Herbert List

S. 64: Pablo Picasso: Friedenstaube, 1949
© Succession Picasso/VG Bild-Kunst, Bonn 2007
Pablo Picasso: Taube (Studie), 1946
© Succession Picasso/VG Bild-Kunst, Bonn 2007

S. 70: Franz Marc: Vögel, 1914

S. 72: Joan Miró: l'oiseau lunaire (Mondvogel), 1968, Fundació Joan Miró, Barcelona

S. 73: Alexander Calder: Le Coq, 1972
© VG Bild-Kunst, Bonn 2007
Alexander Calder in seinem Atelier
© VG Bild-Kunst, Bonn 2007

S. 77: Paul Klee, Vogel-Begegnung, 1918, 202, Aquarell und Feder auf Papier auf Karton, 15,7 x 8 cm, Zentrum Paul Klee, Bern, Leihgabe aus Privatbesitz
© VG Bild-Kunst, Bonn 2007

S. 80: Lis Blunier: Grundbaustein Vogelhaus
© Lis Blunier

S. 81: Lis Blunier: Die Vogelhausstadt, 2006
© Lis Blunier

S. 86: Yves Klein mit monochromem Bild von 1957
Foto: Harry Shunk, New York
© VG Bild-Kunst, Bonn 2007
Yves Klein in seinem Atelier, 1959
Foto: Paris, Musée National d'Art Moderne

S. 92: Yves Klein: IKB 3, 1960
© VG Bild-Kunst, Bonn 2007

S. 95: Yves Klein: Schwammskulpturen, 1960
© VG Bild-Kunst, Bonn 2007

S. 99: Yves Klein: Ohne Titel (ANT 105), 1960
© VG Bild-Kunst, Bonn 2007

S. 103: Ian Hamilton Finlay: Sparta-Garten, 1986
Foto: Udo Weilacher

S. 104: Michelangelo Buonarroti: David, 1501–04

S. 108: Andy Goldsworthy: Irische Blätter mit Beeren, 1987
© Andy Goldsworthy

S. 111: Richard Long: A 15 Day Walk in the Three Sisters, Oregon 2001
© Richard Long
Richard Long: Cornwall Slate Line, 1990; Installed at Lismore Castle, 2006
© Richard Long

S. 119: Tadsch Mahal, Indien; MEV: digiphot
Kolosseum, Rom; MEV: Waltraud Bäuerle
Neuschwanstein, Bayern; MEV: Hubert Durz
Bundeskanzleramt, Berlin; MEV: Michael Pohl
Michelangelo Buonarroti: David, 1501–04
Leonardo da Vinci: Mona Lisa, 1503–1506
Vincent van Gogh: Sonnenblumen, 1888
Niki de Saint Phalle: Die Mäßigkeit, 1985

S. 122: Georg Baselitz im Atelier:
Holger Hollemann/dpa/picture-alliance

S. 123: Georg Baselitz:
Fingermalerei – Adler, Original 1972
© Bayer & Mitko/Artothek, Pinakothek der Moderne, München
Der Adler (Remix) , Replik 2005
Foto: Jochen Littkemann